你就是幸福

触摸不丹

卓玛蔚蓝/著

廣東旅游出版社
GUANGDONG TRAVEL & TOURISM PRESS
悦读书·悦旅行·悦享人生
中国·广州

图书在版编目（CIP）数据

你就是幸福 ：触摸不丹 / 卓玛蔚蓝著. — 广州 ：广东旅游出版社，2016.9
ISBN 978-7-5570-0414-9

Ⅰ. ①你… Ⅱ. ①卓… Ⅲ. ①旅游指南—不丹 Ⅳ. ①K935.79

中国版本图书馆CIP数据核字（2016）第142068号

策划编辑：蔡明熹 王 云
责任编辑：蔡明熹
封面设计：王玉美
装帧设计：Magic Studio
责任技编：刘振华
责任校对：李瑞苑

Ni Jiushi Xingfu: Chumo Budan
你就是幸福：触摸不丹

出版发行：广东旅游出版社
（广州市越秀区环市东路338号银政大厦西楼12楼 邮政编码：510018）
电　　话：020-87347316
传　　真：020-87347732
网　　址：www.tourpress.cn
印　　刷：深圳市希望印务有限公司
（深圳市坂田吉华路505号大丹工业园A栋二楼）
开　　本：787×1092　1/24
印　　张：10
字　　数：70千字
版　　次：2016年9月第1版第1次印刷
印　　数：1-5000册
定　　价：48.00元

已经过去了两个季节，
那个春天的所有记忆，
芳香依然盛放在心底，
幸福的气息嗅嗅就在……

目录

我的不丹行程

朝思暮念的幸福之旅

CHAPTER 5

普那卡，名字和地方一样美

CHAPTER 6

岗提，黑颈鹤思念的故乡

CHAPTER 7

古老神秘的布姆唐

CHAPTER 8

从蒙加尔到伦奇

CHAPTER 9

塔西岗，遥远的东部

遇见即美好

我的不丹行程

D1（3 月 30 日）：昆明—加德满都
D2（3 月 31 日）：加德满都—帕罗
D3（4 月 1 日）：帕罗
D4（4 月 2 日）：帕罗—廷布
D5（4 月 3 日）：廷布
D6（4 月 4 日）：廷布—帕罗—普那卡
D7（4 月 5 日）：普那卡—布姆唐
D8（4 月 6 日）：布姆唐
D9（4 月 7 日）：布姆唐—蒙加尔
D10（4 月 8 日）：蒙加尔—塔西岗
D11（4 月 9 日）：塔西岗—塔西央奇—塔西岗
D12（4 月 10 日）：塔西岗—蒙加尔
D13（4 月 11 日）：蒙加尔—伦奇—蒙加尔
D14（4 月 12 日）：蒙加尔—布姆唐
D15（4 月 13 日）：布姆唐—通萨—岗提
D16（4 月 14 日）：岗提—旺杜波德朗—普那卡
D17（4 月 15 日）：普那卡—廷布
D18（4 月 16 日）：廷布
D19（4 月 17 日）：廷布—帕罗
D20（4 月 18 日）：帕罗
D21（4 月 19 日）：帕罗—加德满都
D22（4 月 20 日）：加德满都—昆明

PREFACE 自序

我想要一次特别的旅行 SPECIAL TRAVEL

我一直期待，有那么一个地方，那里空气澄明、天空高远、民风淳朴，那里有延绵的高山草甸、牛羊成群、远离喧嚣、风景秀丽、人们祥和，那里不需要太现代，但人们精神富庶，那不就是理想之地了吗！2009 年我在西藏时，当地的司机扎西告诉我，亚东很美，而且翻过亚东还有一个叫不丹的地方，那里更美……亚东在扎西的描述里如此令人神往，我想，那隔山而望的不丹一定是另一个世外桃源了！

后来我了解到，这个传说中的不丹，它对游客有太多的限定，据说每年都对入境游客的数量有限定，且每人每天都有 250 美元最低消费额度的限定，自己不能申请签证，且不能自由行等规定。看来，要去不丹真不是那么容易的事了！

直到 2015 年春节前的一天，常住大理春暖花开客栈的上海 MM 小吉跟我说：“卓玛姐，春节后我们一起去不丹吧。”小吉说她已经联系上了一家香港的旅行社，具体行程要春节后再确定和落实，签证和其他事宜旅行社都可以办妥。是吗？这么简单，好啊！去！

可以去不丹了，我的兴奋点一下就提了上来，我身边没有去过不丹的朋友，于是开始找有关不丹的一些资料。关于不丹的书不多，但还是先后找到了好几本，有 2014 年出版的 *Lonely Planet*，还有两本是《地球上最温暖的旅行》和《秘境不丹》。

每一本书中都有太多关于幸福不丹的描述，这个国家不把追求经济强国作为发展的目标，而且这个国家才 70 万人口，什么概念？只有大理市区的人口那么多。要那么多人干吗？幸福才是硬道理。全民幸福指数是不丹的执政理念，“在很久以前不丹就决定：我们永远不会成为一个军事强国，我们也不会是一个经济强国，因此为了生存，我们必须有独特的文化特征。这就是你们所看到的文化——我们的服装、语言、建筑。你环顾四周，觉得自己在一个截然不同的世界，这绝非巧合”。更难得的是，这个高山小国的森林覆盖率居然达到了 72%，这是个多么神奇的国家！

春节过后，马上就到 3 月了，小吉那边的人员和行程还没有最后落实，我开始自己找 LP 上仅有的几家旅行社挨个打电话了，其中有一家给我提供的信息是当地的戒楚节时间是 3 月 31 日— 4 月 4 日，如果要赶节日的话必须尽快确定下来，因为至少需要提前一个月递交签证资料。要赶节日，我马上决定了出发的时间：3 月 30 日。

我想要一个 20 天的行程，尽量一次多走几个地方，当我确定了一家我认为靠谱的旅行社之后，我把我的想法告诉了旅行社的 Keke，于是贯穿不丹东部到西部的行程就在一个星期之后确定下来了。这是我第一次把自己的旅行交给旅行社，从一开始这就是一次不同寻常的尝试，我不知道结果会怎么样，但我内心始终充满着期待。

按照规定，行程确定下来之后就要预付总费用的一半定金了，接下来是办签证和订机票了，出发之前要付完所有的款项。关于金额，我只能说这是我所有旅行当中最昂贵的一次，时间方面，也是单次旅行最长的一次。

任何一次旅行，你都不能要求投入和收益一定是成正比的，但并不意味着旅行是没有预算控制的，相反，对资深旅人来说，预算是很重要的前提条件，通常会因此而决定一次旅行成行与否。可是对不丹，我对它充满着好奇，就冲着它的神秘和独特，我铁了心要去探索一番，尽管这个国家对旅行者有着特殊消费规定，我也只能抱着尊重的角度表示欣然接受。当然，我希望这一次会给我带来一个不一样的旅程。

PREFACE 序一

触碰之中遇见幸福

◎杨生华

岚有一对清澈透亮的眼，如初春的海，一阵阵漾开喜悦的笑。她的声音很好听，激越、欢快，还有一种从小就被宠的娇嗔。记忆中手形很美。

一个刚刚长成的女孩，眼、声、手，三者但有一种好，已是万众瞩目，这样的岚出现在 20 世纪 90 年代朝气蓬勃的广州，出现在引领中国新闻改革最前沿的羊城报界，你可以想见她欢快的笑声有多灿烂了。

“岚”这种自然现象，出现在夏日暴雨后的青黛山腰，如纱如雾，神秘而灵动。岚也如小鹿，在一切汹涌奔腾的广州，享受着被瞩目的欢欣。记得有一次在音乐声中，忽然发现岚的眼珠在暗的灯光下发出幽蓝的光，岚轻轻一笑，说是戴了隐形眼镜。

后来岚从广州消失了，去了北京进入商海搏击，偶尔听她讲自己的被人关爱的故事，有点炫耀。进入商海的岚越战越勇，而且又从北京杀回广东，千里走单骑，骨子里的那种老板娘风格是否就是那时被诱发出来的呢？

但岚最后仍是回到了新闻界。岚的父亲是爱画的人，岚骨子里因而有种温柔如水的良善，对正义有种发自心底的憧憬喜爱。要成为岚的好友其实也不难，才华横溢当然是基础条件，但若有一种体恤天下的胸怀和照看弱小的良善，她会立刻对你显出她侠女的一面。那时香港媒体在内地的采访作风，是很不同于内地媒体的，有种“为天下”的味道，这正中岚的下怀。

岚迅速成为采访南方省市官员的瞩目人物，她有种天分，让官场的人一见面就要展示自己最拿手的才华和未知是否靠谱的鸿才大略，岚这种超强的亲和力，让那些叱咤风云的成功人物很信任地倾诉。2003 年之后因中央与香港的密切关联，是大新闻辈出的时代，岚站在峰顶收获了无限风光。

记得有一次报社开年度大会，岚的表演节目不是歌、不是舞，而是诗朗诵。岚背着一个浅蓝色背囊，穿着一身的标准户外装，浅笑着在灯光下安静地读诗。同事们用一阵阵掌声鼓励我上去献

花。在我走近岚时，我忽地觉得一种陌生和不知所措，我直觉不管我手捧的是真正的鲜花还是场面上的塑料花，这些花都递不到岚的手上，因为岚飘在了另一个空间，她已经不在乎我们所熟知的那一套了，她的身体开始喜爱行走在山野，她的灵魂有了新的触碰喜爱。

岚很快成为知名旅游网站的发帖高手，她的身影出现在我们安排旅游线路几乎不会考虑的地方，比如川藏僧侣聚集地，比如雪山，比如夜宿高山只为清晨一见阳光掠过神山之巅的地方。

起初以为岚只是小资的猎奇，可是，等到她第二次、第三次地去同一个地方，等待同一抹光线照耀神山时，我们知道，有些我们从未去过的世界被她发现了。她开始向那些地方寻求养料、寻求生命延续的动力。她在一次次孤独地行走、攀登中，触碰那个世界。我们看见的照片，更多的是她的背影、她与一个世界对视的画面。后来她也去了汶川做义工，她的身影也越来越显清瘦了。

只是岚的眼神，依旧是那样光亮、清澈、美丽，少了小鹿的惊喜，多了风云划过不理吹乱发丝的从容。然后她告诉我们，她要去美丽的大理双廊，开一家春暖花开客栈。这次，她有了在旅途上收获爱情而组成的家庭。

说走就走、说干就干。别人嘴里反复提及的梦想，在岚那里就是一个行动计划。这是我们所做不到的，这是岚的特权，她梦想什么，她就已经在准备，很快就用身体、用心在触碰那个世界了。

“这有什么？人本来就应该多做自己认为有价值的事！”是啊是啊，用一生的时间，成就一段生命的价值传奇。可是生命如此神秘、奇妙，梦想那么深藏，信仰如此转瞬即逝不可触摸，你撞击的力度不够，你怎么可以看见你的力量有多大呢？你不用你的全部生命去触碰，你怎么可以全方位地接受那个世界的浸染、与那个世界触碰出只属于你的璀璨火花？

岚是在有了那么多次的“触碰”之后，开始了她的不丹之旅。

这一次，我们这些她的朋友，忽然惊奇一致地不再以一种猎奇的心态来看她会告诉我们不丹有什么。也许我们早已知道，也许我们已经不再关心那些了。如同国人看京剧，剧情早已知晓，每一个唱段不同的派别如何拿捏也早已一清二楚。我们只等角儿！角儿一出场，欢呼一片，一声既出，神荡魂牵，舒服酣畅。

岚，谢谢你，以你一次次触碰的历练体验带我们进入秘境，同你一起，精致地去触碰，生命在幸福的国度琴弦和鸣、欲舞欲飞！

是为荐序。

作者系团结香港基金传讯部执行总编辑，

著有《中国创新求存》《财经报道实战手册》《粤港澳合作报告》

PREFACE 序二

卓玛的幸福在脚下

◎赵鹏飞

我算是一个时政记者，虽然最近因为在微博上总发华晨宇的歌和消息，从而被广泛质疑是否不够成熟。算了，我还是讲一件跟我做时政记者有关的事情吧。2012 年底，习近平当选国家主席之后第一次离京视察选择了广东。当他在广州东濠涌逗弄街坊家的孩子时，我们一帮站在不远处的记者忍不住大声对习大大发问。我问的问题简短到只有七个字：

“习大大，你幸福吗？”

笑容可掬的习大大朝我们远远地微笑着挥手，一句话也没有说。

事后我也觉得自己莫名其妙，为什么会想问国家主席这样的问题？想了很久我才想明白，潜意识里自己实在太渴望幸福了。我不知道幸福在哪里，我也不知道习大大幸福不幸福，可是我知道，我的朋友卓玛的幸福，是在脚下。

（一）

我在香港文汇报开了一个专栏，叫作《鹏情万里》。在这个专栏里，我专门讲过卓玛的故事。故事的名字，叫作《在大理开间客栈，春暖花开》。

觅一依山傍水风景秀丽的地方，小院柴扉，天高云静。紫藤在架上葳蕤，艳丽的波斯菊正开得汹涌澎湃。拙朴的老榆木长桌上，反扣着一本看了一半的书。北岛的《陌生的海滩》，或者是《追忆似水年华》，咖啡温热。毛色纯净的猫咪懒懒地睡在阳光里。不远处，农家放养的鸡或者狗时不时地叫一两声。这样的生活场景，温厚而真切，也是许许多多腻歪在城市里的人所朝思暮想的。

拜金庸先生所赐，家家有花户户流水的云南大理成了实现梦想的上乘之地。行动派的人一早就将之变成了真实。密集在大理、丽江数以万计的客栈，便是他们的杰作。我的同事卓玛也在其中。

卓玛极其热爱旅行，是圈中的资深驴友，总是天南地北地行走，停也停不下来。她偶尔也会寄张当地的明信片回来，风吹草低，散落着云朵一样的牛羊，再配上几个宁静淡远的句子，很文艺。

有一回，她在大理打了通电话给我，说在洱海边的双廊镇，找到了一个极好的院子，推开窗户，便是深蓝色的洱海，眺望着层峦叠嶂的苍山，云卷云舒，是梦想中客栈的样子，合同已谈妥，租期十六年。

挂了电话，心里不由自主升起一片怅然。苍山雪，洱海月。卓玛要去过神仙一样的生活了，只是从此山高路远，一起品茗温书的时光少之又少了。

很快，卓玛回到广州卖了房子辞了职。除了几件喜欢的衣服、书和一摞 CD，挥了挥衣袖，不带牵挂地奔了大理。不出所料，客栈生意格外好。一年不到的时间里，风生水起客似云来。长于经营的她又租了一块临海的地，自己绘图动手修建了第二个客栈。

忙里偷闲的时候，她仍然会双肩背包，用一双脚从南到北丈量着风景，快意着人生。有时候，她也会打电话来，说说客栈里的事。比如，客栈长长的书架上，本来满满的都是给客人看的书，才两个月的时间，不知不觉架子上就空了下去。再比如，客栈里规定不许打麻将。一群客人从外面偷偷带了麻将在房间里打。卓玛说，对于那些打麻将的客人，我宁愿他们去看书，哪怕更多的书架会空。

（二）

我从来没有问过卓玛幸福不幸福。

看到她在越南拍回来的照片上，田野里奔跑的孩子们，笑靥如花。看到她在沙巴拍的海上夕阳，玫瑰色弥漫了海和天。我想起那一年，在一块薰衣草田里，她的相机里迷雾一样的紫色，美得让人痴迷。她发给我林芝桃花的照片，起伏的山丘上，古老的桃树，开着淡粉色的花朵。远处藏家的房子，方正巍峨。还有，她在伊犁的花海里，迎风而立。蔚蓝色的花的海洋里，她的身影悠远而淡然。还有泸沽湖畔，澄净的湖水里，她的倒影，像随意散落的格桑花。

不知道卓玛到底去看过多少风景。只记得，她曾经给我看过的那些她从遥远地方拍回来的照片上，有花儿绽放的大草原，有阳光晕染了的金色雪山，有一望无际的白桦林，一树一树在秋天里，明媚而忧伤。

卓玛去大理定居之后，她日新月异的朋友圈里，永远都只有四个主角：蓝天、白云、洱海、格桑花。不过，在我的记忆里，最为清晰的，还是晴雪相宜的时候，她在云海里张开了双臂，像一只无忧无虑的小鸟。

天很高，天很蓝，天也很远。小鸟想要飞过沧海，海的那一边有等待，也有满满的希望和美美的风景。

卓玛说，旅行不是我的爱好，而是我的需要，也许世间一切都会变，可唯独对旅行的追求不会变。

我知道了，热爱大自然的卓玛是幸福的，她的幸福就在她用来丈量天下的脚下。

（三）

卓玛说，在不丹的时候，她遇到了不丹的国王！就是那位被称为世界上最年轻、最英俊的国王：吉格梅 · 凯萨尔 · 纳姆耶尔 · 旺楚克。看到国王走过来，她不由自主地叫了一声：King！

国王居然朝她微笑点点头，并且问她从哪里来。

“我一下就傻了，半天才回答说，中国！国王说很高兴看到你们。后来因为我自己太激动，都没有听到国王还说了些什么。”即便过去几个月了，再回想起来，卓玛还是兴奋难掩。是啊，不丹国的臣民并非都能有幸见到的偶像，卓玛第一次去不仅遇到了，还搭讪成功，这真真是一件殊胜的事情。

呵呵，好吧，我遇到习大大的时候，喊出来的问题是“习大大，你幸福吗”。卓玛在世界上最幸福国度，遇到了缔造幸福的国王时，最本真的反应是激动得快要晕过去了。

或者，这就是被幸福击中的感觉吧，卓玛。

作者系香港文汇报高级记者、广东分社副总编辑

帕罗宗

朝思暮念的幸福之旅

CHAPTER *1*

从尼泊尔出发

整个下午都在下雨，
我们来到泰米尔街区，
在这条所谓的老外购物街逛街了。
可我一心想着不丹，
实在提不起兴趣。

空降加德满都

去不丹不算简单，首先国内没有直达不丹的航班，要从加德满都或曼谷转机。我选择从昆明出发，在加德满都转机。

在昆明机场办理登机手续时，向值机的工作人员询问还有没有右边窗口的位置，得到的回答是早就没有了，有些位置很早以前就在网上被预订了。右边的窗口如此紧俏，就因为可以看到雪山。

登机之后，后排居然还有两个空着的座位，而且还是右边的窗口位，只见无数个乘客装作若无其事的样子在后排穿梭徘徊，围着那两个座位转，像恶狼盯着猎物一般，两眼放着贪婪的光。空姐说你们先回自己的座位坐好，飞机还没有起飞呢！于是一群人又惶惶不安地回到了自己的座位上，可是心和眼都还惦记着那两个座位呢。

虽然雪山是我的最爱，可让我在飞机上为了最爱窜来窜去的我做不到，还是应该在最爱面前保持一点矜持吧！

到了加德满都机场，这个我目前为止见到的最简易的候机楼居然是平砖房，我顿时明白了坐我前排的尼泊尔帅哥，他在昆明机场安检时就一直紧随我的原因了——昆明机场相对于他家乡的机场实在是太大太复杂了，他连我们国内安检不让带水的规定都不知道，看见我把瓶里的水倒掉，和我确认了一下之后也把他包里的两瓶矿泉水给扔了。安检之后偌大的候机楼也让他迷惘了，我让他跟着我，一直到上了飞机。

加德满都机场的到达厅一副照明不足的样子，行李到达的领取没有提示牌，东张西望地等来了自己的行李箱，然后又开始到处找大厅的出口，再一看旁边的尼泊尔帅哥，早就不见了！到了他的地盘，这下轮到我迷茫了！

整个下午都在下雨，尼泊尔的导游把我们带到了泰米尔街区，说你们自己随意逛吧。看来下雨天哪儿也去不了，只能在这条所谓的老外购物街逛逛了。一下车就看见了好几家高大上的户外用品店，除了这些店其他比如卖披肩的卖旅游用品的都太热情了，一定要招呼你看看、看看，纯羊毛的、纯手工的、纯真丝的……这些东西咱们大中国样样齐全，而且图案做工颜色哪一点都不比尼国的差。我实在提不起兴趣啊！

户外用品店倒是很不错，每家面积都很大，而且品项齐全、价格比国内的便宜。导游说他在一家朋友的店等我们，我们去找他的时候，店家立马殷勤地倒上了咖啡，然后拿出了各色羊毛、丝质的披肩不停地让我挑选。尼泊尔帅哥还时不时飙出几句中文，热情难挡，可是那些物品无论如何也无法打动我。

好不容易从这家店脱身开来，可以去吃晚餐了，车子在泰米尔区域内的小街小巷中穿梭。尼泊尔的巷子很窄很小，而且到处都是行人和摩托车，你不得不佩服尼泊尔司机的车技和淡定，这种让人发疯的交通状况，他们居然可以不急不躁的，显然已经是对这种交通状况习以为常了。

还好，我们的车终于在天黑之前到达了不远处的饭店。饭店的建筑是典型的尼式建筑，一座拥有独立院落的红砖砌平房，院子里花花草草点缀其中。我很好奇，对一个拥挤的市区来说，却拥有这么多独栋的平房，这是一个多么矛盾和奢侈的怪象。

导游说这家尼泊尔式饭店是他姐姐开的，装修花了100多万元人民币。我环顾四周，还是那种照明不足的感觉，当食物不停地上来后，我要打开闪光才能拍照。饭店20:30有歌舞表演，服装和布景都特像藏式歌舞。表演开始后，有大批的中国团队拥入，饭店顿时热闹了起来。

我们当晚入住的是皇冠·索亚堤酒店，远离市区的小街小巷。这家有着40多年历史的酒店，不管走到哪里，都散发着独特的香气，在酒店各处都能发现不少店标还写着中文。酒店园林风景宜人，顾不上欣赏那么多了……调整好时差赶紧休息吧，明早9点的航班飞往目的地——不丹。

尼泊尔式饭店

泰米尔街区

CHAPTER 2

帕罗，不丹初相见

帕罗是不丹唯一拥有国际机场、
到达或离开该国的必经之地，
3月是帕罗最热闹最有吸引力的时节，
帕罗山谷毫无疑问也是游客最心驰神往的目的地之一。

帕罗机场：微笑是名片

早上 7 点我们就到了尼泊尔机场，然后在机场不停地换登机口，却总也没有登机的消息。Keke 在不丹机场打听了一下，原来在不丹的飞机还没起飞呢，延误了，等着吧！

候机厅外猴子在蹦来蹦去的，一点也不害怕人群，天空蓝得没有一丝云，好想去外面的绿草地上走走。终于有一架不丹航空公司的飞机降落了，我的心早已飞往不丹了，那里的天空是否也蓝得让人坐不住呢？

不丹航空居然允许在机上开手机，飞机起飞后，很多乘客用手机不停地拍照。左边窗口座位传来一阵一阵的欢呼声，肯定是看到雪山了。空姐穿着传统的不丹服，态度亲切友善，微笑里没有职业习惯。我溜到左边的后舱窗口拍照，顺便还倒了两杯热水喝，空姐见了笑着和我打招呼。

转眼 40 分钟后，飞机就到达了帕罗，帕罗机场坐落在一个山谷里，机场不大，却处处散发着浓郁的不丹特色，窗口和门楣雕工精细，色彩斑斓，墙上绘着各种生动的吉祥图案。机场周边山坡绿色葱葱，看不到高楼大厦，颇具不丹传统风格的房子三三两两地分布在山谷周围，白云在山坡之上蓝天之下悠闲地晃着，天空好像被 PS 过，阳光澄明透亮，空气清新自然。还没等走下机舱，目之所及，就无时无刻不在昭示着这里就是不丹，独特个性的魅力势不可当。

机场地面工作人员也穿着民族服装。停机坪内，下了飞机的游客迟迟不愿离去，三五成群地在四处拍照，他们也和我一样，自踏上不丹土地的那一刻起，就对这个国家产生了好感。

继续往到达厅的方向走，看到巨幅第五世国王和王后相片，在一棵盛放的紫藤树下，向众人展示他们迷人的微笑，秀着他们招牌般的恩爱，仿佛在对每一个到达不丹的人说：欢迎来到幸福而温暖的国度——不丹。

帕罗机场

机场到达厅内挂着不丹不同时期的五位国王的照片，乘客们在排队等候过安检，这里的一切都是那么安静有序。我们过完安检准备去取行李，只见所有的行李都已经从传输带上拿下来了，整整齐齐地摆好等着乘客去领取。联想到前一天在尼泊尔机场连行李在哪个出口领取都不知道，不丹机场的服务真是贴心啊！

Keke 和不丹导游昆桑已经在机场等候多时了，初次见面昆桑给我们披上了白色哈达，并说我们很幸运，前几天都是阴雨天，今天却转晴了。看来这是一个好的开始，但愿好运一直伴随着我。

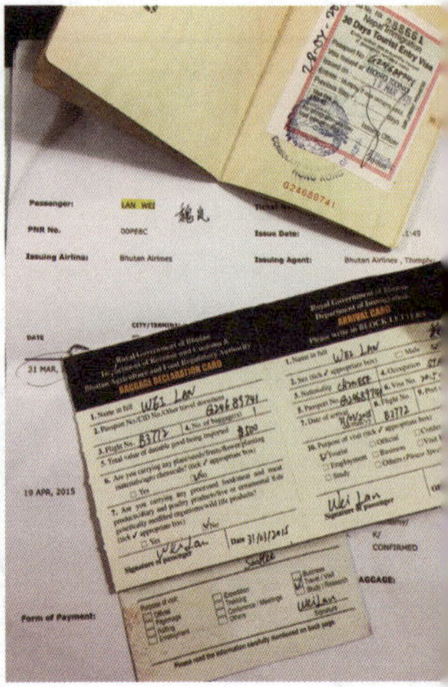

祈楚寺：莲花生大师静修地

我们的第一个行程是不丹最美丽的寺庙——祈楚寺（Kyichu Lhakang），它是不丹最古老的宗教遗产之一。这座寺院不大，周边特别安静，除了不多的转经者，只有少数参观的游客。大门边的石墙上紫藤花正开得热闹呢，一进寺院就看到一棵大大的桃李嫁接的古树，白色的李花和粉红的桃花正开在兴头上。往里走，温馨的庭院里还盛开着红色的玉兰花，再看那几棵年头古老的松柏衬着如茵的草地，所有的色彩都和寺院融合成了一幅温馨和谐的画面，让寺院散发出古朴又充满生机的气息。

寺庙的外墙边有一圈转经筒，人们一边转着经筒，一边念着经，还一边数着佛珠，那些长期转经的人因为熟练会转得飞快。

每座寺庙都有一个古老而美丽的传说，不丹人认为这座寺庙是由藏王松赞干布于公元 659 年下令建造的，以镇压巨型妖怪的左脚，这个妖怪曾试图阻碍佛教传入藏区。公元 8 世纪时，莲花生大师曾在此静修，让祈楚寺更增添了几分神圣。

我们在寺里遇到了一个当地的中文导游，他告诉我们说他曾在台湾学习中文，不丹大多是英文导游，英语的普及程度很高。中文导游不但稀缺，而且收入可观。刚才在主殿内，他用流利的中文给我讲解了一段：“主殿内供奉着帕罗峡谷内最重要的财富——一尊公元 7 世纪的释迦牟尼佛像，据说与拉萨大昭寺的著名塑像建于同一时期。”在佛像面前，可以看到无数代信众在木板上磕头朝拜形成的凹槽。

毗邻古老主殿的，是三世国王的王后阿熙·曲登·旺楚克在 1968 年建的第二座神殿，这两座神殿如今已和谐地融为了一个整体。

我们在院子里闲聊，发现导游的袜子很有意思，他脚上穿着皮鞋，而与之配套的黑色袜子却长至膝盖，男性的这种袜子和穿法我还是第一次见到。后来发现在不丹，国服配深色袜子是最常见的穿法。再看看我们的女导游昆桑，不丹服的裙子很长，几乎要盖住鞋子了，所以只穿短袜就可以了。

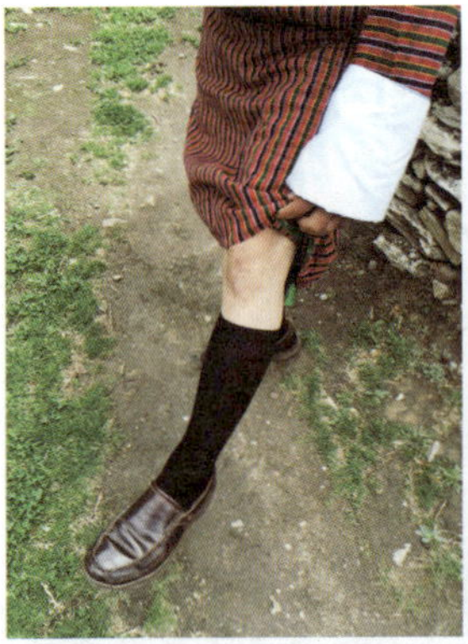

帕罗，袖珍 Town

从祈楚寺出来后，我们决定去镇上买手机卡，解决上网的问题。如果在国内，买张手机卡是件很容易的事情，可在不丹，买卡必须提供护照复印件和填取相应的表格。镇上仅有的几家卖卡的小店还关了两家，据说店家去附近请客的人家帮忙去了。打量了一下这个 Town，实在是袖珍级别的。

Town 相当于我们中国的省府所在地，不丹人的集中采购地和商业街都在当地的 Town，Town 的规模大小，取决于当地的人口和规模。帕罗是不丹国的唯一一个国际机场的所在地，是最热门的节日和最古老壮观的宗堡所在地，是所有来不丹的旅行者的必经之地，也是游客了解这个国家西部地区的最佳窗口，就是这样一个国家级重镇，规模和大小还不及中国小镇的大小。

我们想找家银行换点不丹币，可是没看到有银行，昆桑把我们带到了一家卖旅游纪念品的小店，说小店可以换。

在一家超市门口我们被一辆枣红色悍马吸引住了，这么漂亮豪华的车在当地真不多见，车身左侧印有虎穴寺的图案，右侧印着一条长龙，这时却见走过来一位喇嘛，打开车门就把车给开走了，这情景，顿时把我愣住了。

进到当地最大的一家超市，里面卖的全是泰国和印度的进口食品，没有多少品项可供选择，而且价格都不低，普通的一个打火机要卖到 4 元人民币。

昆桑说要带我们去一个地方，表达了半天才听明白是说去一家农民博物馆。农民博物馆坐落在一个山坡上，是很古老的农民房子，基本维持了原来老房子的结构和原貌，一楼的客厅陈列着不丹传统的器皿、摆设、面具、服饰和各式布料、围巾。主人招呼我们先进内厅喝酥油茶，内厅很简单，四周摆着几张矮茶几，酥油茶和西藏的区别不大，不同的是配上了炒米，可以把炒米撒在酥油茶上一起喝。主人还端上了玉米酒，那个盛酒的小酒桶很有特色。

我们几个边喝边拍照，自娱自乐，喝足了才想起我们是来参观的。于是挨个去厨房、储物间、卧室和佛堂参观。厨房陈列的用具相对齐全些，有土灶、各式锅瓢、打酥油茶的工具。储物间的墙上挂着几个家伙我看着有点面熟，原来是各式羊皮和牛皮袋子，形状不一，用途不一。佛堂在三楼，里面的装饰和布局就不像其他房间布置得那么简单了，特别是佛堂外那把为做法事而准备的椅子，它的隆重和气势为整间屋子平添了不少亮色。

农民博物馆

雨中徒步虎穴寺

虎穴寺是不丹最有名的寺院，也是不丹旅游的一块金字招牌，事实是，不管游客在不丹停留多少天，虎穴寺都是必去之地。从我到达不丹的第一天起，就有朋友不停地问我，怎么还没去虎穴寺。

虎穴寺（Taktshang Goemba）建于1692年，是不丹最神圣的佛教寺庙，也被誉为世界十大超级寺庙之一。虎穴寺的得名大概是因为它所处的独特的地理位置，它位于900米高的悬崖峭壁之上，来回徒步需要4小时，也有人骑马上山的。这么高这么陡的寺庙，很多人走起来都费劲，可想而知当年修建时的难度。

据说莲花生大师当年身骑母虎（莲师明妃益西措嘉的化身）飞到寺院所在的位置，降服了当地恶魔Singer Samdrup，然后在这个洞里禅修了三个月。

虎穴寺不但在游客中久负盛名，它同时也是不丹人的“精神麦加”，无论身处何处，他们都希望在有生之年能亲到虎穴寺朝圣。我想它的地位，应该相当于中国西藏人心中的布达拉宫。

我们上山途中遇到一位84岁的老人，她独自上山，背着简单的行李，拄着根木棍。雨天路滑，她居然穿着一双拖鞋。昆桑和她交谈后告诉我，老人没有子女，前两年生病后就坚持在虎穴寺朝拜，并住到了山上，她刚从山下做了简单的采购。看她背着的不大的包包，想必是采购的物品吧。老人的精神状态很好，步履缓慢而坚定，我想，应该是信仰给了她坚持的力量吧！

山中徒步可以呼吸到纯净的空气，俯瞰美丽的帕罗河谷风景，山路两侧全是高大的喜马拉雅雪松和橡树，树干和树枝上缠绕着浅绿色的松萝，林中时不时传来清脆的鸟叫声。

走到一半时，我们到达 cafeteria 木屋茶餐厅，在这里，抬头就可以看到虎穴寺，悬崖峭壁之中，感觉它是那么近却又那么远。喝着热咖啡，吃着饼干，还有温暖的壁炉，我们准备在这里等云雾散去，期待着见到蓝天下的虎穴寺。但今天的雾岚似乎更依恋山顶，这一阵云雾刚散去另一阵云雾又飘了过来，令虎穴寺时常处于云雾缭绕的仙境之中。

这时有位游客过来，她说看着高处悬崖上的虎穴寺感觉好恐怖，担心自己会爬不上去。她是中国台湾人，和家人一起从印度过来，在不丹两个星期了，觉得不丹哪里都很干净，很喜欢这里。

有位印度人占据了一处最佳的拍照位置，他一直面对虎穴寺的方向坐着，不停地拍照，还时不时地发出惊叹声。我在等那个位置，可他非但不走，还过来搭讪。

他说他从印度骑摩托车过来，路上遇到了很多美景，特别是在印度北部的克什米尔地区，特别美，边说边把他手机里拍的照片晒给我看，也不知道是摄影技术的问题还是手机的问题，反正我没看出照片有什么特别的美。他问我从哪里来，我告诉他中国云南，他一脸茫然的表情，于是我也拿出手机里的照片晒给他看，他一看到洱海的照片就惊叹了，惊叹之后就开始用他的手机不停地翻拍我的照片。后来他把同伴也叫了过来，让他们也来看我的手机，还很内行地告诉他们这是大理，这是春暖花开客栈，哦，网址是什么？有名片吗？有机会我们一定要骑车去那里啊……

我们打着雨伞继续上山，在进入寺庙前寄存了相机和行李包、雨伞等。虎穴寺内有多座重要的佛堂，还有当年莲花生大师修行的山洞。有一个小佛堂里供奉着曾开口说话的莲花生大师佛像，据传这尊佛像本在普那卡宗建造完成，但佛像开口说话了，称他不属于普那卡，应该把他送到虎穴寺。虎穴寺曾遭遇了一场大火，主体结构和内藏物品化为灰烬，唯独这尊佛像安然无恙，被完好地保存了下来。

下山时雨还没有停，山路变得更泥泞了，我们每走一步都很小心。带着水珠的杜鹃更娇艳了。山脚下那片桃花林中，只见一群马儿在风景如画的草坪上吃着草，它们的主人却自在地躺在一块大石头上，是啊，守着这样一个仙境，不做神仙又能做什么？

CHAPTER 3

我为节日狂

既然选择在节日期间来到帕罗，
那么就要融入其中，
和当地人一样尽情地享受这个节日！
投入地爱一次，忘了自己，
在人群中，忘了自己从哪里来，
忘记自己是个过客。

云裳丽影，帕罗戒楚节

帕罗戒楚节为期五天，今天是节日的第二天，早餐后我们要更衣并前往节日现场——帕罗宗。

所谓的更衣是换上不丹传统服装，男装称为“帼”，女装称“旗拉”。第一次试穿还真不简单呢，需要本地人的协助才能完成，我们的导游昆桑忙里忙外的，一会儿在我衣服这里扎一下，一会儿又在那边用扣针扣一下。

女装分上衣和裙子两部分，节日的穿戴还需要配上一条彩色的披巾，男装除佩戴白色披巾外还需要配上一双深色长袜。等我好不容易穿戴好了，昆桑又拿来了一条裙子要我换上，说这条裙子好，是老板娘的。我一看裙子的质地和花色，确实更显档次些，可惜大小是根据她本人定制的，我穿上明显太大了，不过幸亏这种裙子往里扎几圈就可以解决大小问题了。

我们的司机和导游每天在上班时间都穿不丹服，下班后才换上便服。留意一下身边的不丹人穿便服的还真少数，学生们的制服也是不丹服，处处彰显着民族的魅力，更不用说是在特别节日里，每个人都会穿上自己最艳丽最心爱的不丹服去节日现场。

我们兴冲冲地赶往帕罗宗，在如此盛大的节日里，不丹人几乎是倾城出动的，周边都是身着各色不丹服的人，有些三五成群，有些一家老老少少，有些呼朋唤友成群结队，好不热闹！在帕罗宗门口，很多人在整理自己的服装，我们也检查了一遍自己的服装。司机的白色麻织披巾要缠绕在肩胸和腰的部位，操作手法颇有难度。后来我发现，每次进宗，司机和导游都会特意佩戴上披巾，平时不用时披巾也会随时放在车上的前排扶手上。

蓝天白云下，放眼望去，美女帅哥真多，各种抓拍，我把自己弄得手忙脚乱！怎么回事？之前不知道不丹人有这么美来着。外地游客也穿上了不丹服，在人群中，根本分不清哪些是不丹人哪些是外地人。帕罗宗在一个山坡上，沿着石阶往上走，一路上彩色的经幡迎风而飘，和着不丹人洋溢出的微笑，好一派节日的欢快气氛！

很快就上到山坡上的帕罗宗堡，当年梁朝伟和刘嘉玲的婚照拍摄地。为什么要选择在帕罗宗拍婚纱照？我此刻唯有深深感叹他们可真会挑地方啊！这里既清静又美丽，既圣洁又庄严，隐蔽得别说狗仔队来不了，本地人就算见到了也不知道你是谁，他们根本就不追星。

我们几个在明星当年拍照的台阶上依葫芦画瓢不停地拍照，同时又担心错过了要偷拍的帅哥美女。路上看见很多提篮子的人，篮子里面装着露餐的食物和保温瓶，观看节目表演的人大多会带一块垫子席地而坐，大家坐在一起边吃边聊边看表演。偌大的广场，虽然人多，但一点也不喧闹，后来也发现不丹人很少在公共场所大声说话的。

节日现场遇到很多的小孩子，他们会对外地游客特意表示一下他们的友好，也会很乐意地接受拍照。广场内不同的舞蹈轮番上场，有传统的面具舞，也有爱情歌舞。广场上有不同身份不同民族不同国籍的人，有些低声交谈着，有些拍照。抬头一看，居然有飞机从头顶飞过。草地上小狗若无其事地睡它的觉。

虽然是在异国他乡，但身处热闹的节日，沉浸在那祥和快乐的氛围里，我真的忘记自己是谁了，我希望时光慢一点，让我可以尽情地沐浴在这份明媚温和的春光里。

悦读悦旅行

戒楚节：在不丹，大部分宗堡和许多佛寺每年都会定期举行节日庆典，其中最盛大的当数戒楚节，戒楚节的特色是一连串查姆舞表演（cham），旨在纪念莲花生大师。各个地区的戒楚节日期和持续时间都各有不同，但通常是在不丹历的初十前后，以向莲花生大师致敬。戒楚节是一项盛大的活动，它将周边区域的人们吸引到一起，人们穿戴最漂亮的衣服和珠宝首饰，分享食物并交换各种信息。

宗堡或佛寺外通常还会自发形成一个小集市。节日是相隔两地的亲朋好友集聚一堂，共同沉浸于佛教教义的时机。不丹人认为参加戒楚节和观看仪式化舞蹈能够积累功德。戒楚节的亮点是在日出之前展出巨幅唐卡，人们认为观看这些壮观的圣物能够涤荡一个人的罪恶。截至目前，廷布和帕罗戒楚节是最受旅行者欢迎的节庆。

戒楚节上常见到的主要舞蹈有英雄之舞、雄鹿与猎人之舞、不丹琵琶舞、黑帽舞、贵族与女士之舞、鼓手舞蹈、愤怒神灵之舞、罗刹和死者审判之舞、莲师八相以及宗教歌曲。

偶遇王太后

今天早餐的时候，ABC 旅行社的经理 Karma 过来了，他说一会儿要和我们一起去帕罗宗的节日现场。早餐后我们省去了换不丹服的时间，穿着便装就去了帕罗宗。一大早，人群就从不同的方向络绎不绝地涌向这里。

刚进了廊桥，就遇见了昨天看见的两位拉亚族人，她们头上戴的竹篾编织的堆形帽很惹人注目，身上的服装是深色的，肤色也更接近藏族人。她们的家乡在遥远的不丹东部，趁着节日赶来帕罗，在现场兜售她们的民族饰物。看出我对拉亚人头上戴的小竹尖帽很感兴趣，Karma 上前去用不丹语对她们说了些什么，然后过来告诉我说可以和她们一起拍照，更没想到的是，拍照的时候她们还把头上的帽子给我和 Keke 两人戴上，其中有一位还摘下一大串红色的珠子给我戴上，这真是太意外了，我们四个在人来人往的路边愉快地合了影。

观看舞蹈表演的人群密密麻麻地围坐在舞蹈表演场地的四周，今天有小丑出场了，他们在场内不停地活跃气氛。现场舞蹈的音乐居然来自几位歌手和乐手，不需要伴奏，真人现唱，足以见真功夫！场内场外都有警察和志愿者在维持秩序，他们大都态度和善，很奇怪，在他们身上看不到执法者高高在上的傲气和古板，反而大多时候他们也是轻轻松松地和观众一起观看表演。

Karma 说有内部消息，王太后可能要来。哦！怪不得铺上了红地毯，原来是有王室成员要来了！这消息真让人兴奋啊！Karma 轻描淡写地说你们去看吧，他自已却站得远远的，一副漠不关心的样子。话说也就几分钟的事，就听到一组吹打乐队的声音从不远处传来了。眼见浩浩荡荡的一群队伍，前面几位穿着红袍戴着红帽，第一位别着一个腰鼓，紧接着是穿绿袍子

"Caring Culture, Living Compassion"
2. STRAY DOG ADOPTION
3. VOLUNTEERISM
4. VEGETARIAN PROMO
ANIMAL SHELTER
FOR ANIMAL HEALTH EMERGENCY CALL
77452097/ 17643532/77208600/

的，后面的都是黑色上衣白色裙子，头上还戴着一圈绿叶。后面还有一群僧侣，也有些穿不丹服的，总之这个队伍人员的服装和身份都五花八门，我被这支五颜六色的队伍弄得眼花缭乱的。

当队伍的主角——王太后出现时我一下子没反应过来，王太后这么年轻吗？端庄而贵气！她穿着一套红色的不丹服，长长的披巾也是红色的，她双手相握、脚步缓慢，姿态雍容华贵，始终微笑着看向众人。王太后的身后还有一位漂亮的公主呢，她穿着黄色的上衣，盘着头，戴着珍珠的头饰和耳环。她们一群人走在红地毯上的感觉好悠闲好轻松好自在啊，奇怪的是警察和便衣并没有驱赶红毯两边围观的人群，而且也没有禁止大家拍照，这真太让人兴奋了。

王太后的队伍里还有个侍卫抱着婴儿，想必又是位王室后代吧。一帮盛装的人马看似随意却隆重地走完了红地毯，上了寺院的观看台。似乎什么也没发生过一样，真奇怪，不丹没有狗仔队，没有闪光灯，没有要求签名的，人群也没有任何骚动，警察和特警都派不上用场，他们完全就是摆设。话说回来，王太后的出场实在太出其不意了，最起码也要有人撑把宫廷的黄伞什么的吧？我不得不感慨：不丹王室真低调！

顺便提一下，前任四世国王有四位太后，我们遇到的是四姐妹中排行第二位的慈仁·佩姆王太后，她身后的那位公主则是她的女儿。

和国王 Say Hello

帕罗戒楚节的最后一天，也是最重要的一天，因为这一天会在日出之前晒大佛——展示一幅以莲花生大师为主题、超过 18 平方米的巨大唐卡。展示完巨幅唐卡，就意味着戒楚节正式结束了。

为了能在黎明之前赶到帕罗宗，我们几个凌晨 4 点就从廷布出发了。见到巨幅唐卡的那一刻场面确实很震撼，只见它悬挂在寺庙的外墙上，四层楼高的外墙被整幅唐卡覆盖了，广场的桌子上整齐地摆放着一排排的酥油灯和各种供品，喇嘛们在不停地诵经和做法事。我们跟着当地的民众一起排队触摸唐卡，模仿他们用手和额头虔诚地触碰唐卡。清晨时分，越来越多的人前来排队触摸唐卡，不丹人认为，观看巨幅唐卡可以积累功德，洗涤一个人的罪恶。

天还没大亮，气温依然很低，我们找到一个休息的地方，喝着早上带来的酥油茶，身体顿时暖和起来。

6 点多的时候，人群越来越密集，排队触摸唐卡的队伍越来越长。昆桑带着我一起去宗堡的方向找厕所，我们四处走走拍了些照片。在上台阶时我发现前面有个装束特别的人：他除了身穿不丹服之外，身上好像还佩带了刀剑之类的。我问昆桑：这人是什么身份？昆桑说她也不清楚，要找人问问，然后她回来告诉我说这是大臣的随从。

大臣？随从？我将信将疑地往前走，接着又发现我们来时走的那条路开始铺松针了，于是我们绕道停车场那边，居然发现那里停了两辆监色的车，我记得昆桑之前和我说过，大臣的车辆才是蓝色的！真是大臣来了，还是有别的大人物要出现呢？会不会是国王呢？

之前听 Keke 提过，国王往常会在戒楚节的最后一天出现。随从、车辆、松针、封路，这些线索已经足够了，不走了，赌一把！我带着秘不可宣的期待，毅然决定停在一个岔路口，这条路正好和铺松针的那条主路相连，应该是重要人物的必经之路。

警察已经开始清场了，铺松针的那条路封住了。为了占据有利地形，我们半步也不愿离开。时间已近 7 点半了，管他是谁，我默默地祈祷：就等到 8 点吧，要是不来就撤了。身边的警察看我们一直站着不走，也没有强制要我们离开，为了和警察搞好关系，我们开始和警察一起维持人群的秩序，我们和警察手拉手筑起了一道人肉墙，防止人群从铺满松针的道路通过。当时的队伍排得很长，可是秩序一点也没乱。

随着几位全副武装的警察的到来，所有的道路全面禁止通行了，难道是要来了？我忙把手机收起来，相机收起来，警察一直强调不能拍照，然后就听到了唢呐

的声音，看到了几个喇嘛走在前面，后面的队伍陆续拉长，有侍卫有警察，那个是国王吗？不丹服、黄色的披巾、传统长靴，款款而来，真的是国王，那么高、那么帅，微笑那么迷人！为什么保密工作做得这么好，从头至尾都没露半点风声呢？

我站在队伍的第一个，国王走过来了，他在我面前停了下来，说“Hello”，便微笑着点头。我不由自主地叫了一声：King！国王问我从哪里来，我一下就傻了，半天才回答道：“中国。”当时心都快跳出来了，国王还说很高兴见到你们。我更高兴啊，我岂止是高兴，简直是激动坏了！其实后来国王说了什么我都没听清，这些都不重要了，重要的是国王真的很帅哦！

国王继续往前走，他停了下来，和一个残疾儿童一起合影，给他拍照的是跟随他身边的御用摄影记者，当时我就站在那个记者的身后，我多想一把夺过他的相机，给国王拍照我绝对擅长啊！然后再把相机交给御用记者让他给我和国王再来张合影……脑子里幻想着这些的时候，不由自主拿起手机对着国王拍了一下。我身边有

晒大佛

人突然拍了一下我的肩膀，回头一看原来是皇家警察，我马上反应过来不让拍照的，条件反射似的向警察鞠了个躬并说了声："Sorry！"然后就跑开了。后来我还在想，不丹人对游客真的很宽容，警察更别提了，试想一下，这要在别的地方，肯定一把夺过我的手机没收完事。

人人都说王后很漂亮，奇怪的是我居然从头到尾都没看到王后，还是后来在照片里才发现王后其实就在国王的身边。

再看看当地人，他们依旧在排队等着触摸唐卡，做法事的喇嘛依旧在做着法事，观众席上的观众依然坐在原地，他们好像都没有因为国王的到来而准备些什么或者改变些什么，就算是在国王走的通道两边，群众也都很平静，这些在我看来都是很难理解的。

我问昆桑，你们经常可以见到国王吗？昆桑说不是的，她也是第一次见到国王，平时也都是在电视里才能见到的。那就奇怪了，都这么淡定啊！后来我观察到，不丹人表现出来的喜欢总是淡淡的，不是那种追逐式和疯狂式的。我问昆桑，第一次见到国王，你高兴吗？高兴！喜欢国王还是王后呢？都喜欢！随后她拿出手机给我看，她的手机屏幕便是一张国王和王后的合影。这家伙藏得好深啊！后来她知道我喜欢国王，就从手机里面翻出了很多国王和其他王室成员的照片发给我。

不丹国王，全民偶像

“世界上最年轻的国王”“最英俊的国王”——不丹现任国王吉格梅·凯萨尔·纳姆耶尔·旺楚克享有很多美誉，他是前任国王吉格梅·辛格·旺楚克的长子，前后于美国菲利浦学院、卡森学院、麻省威廉姆斯学院和英国牛津大学接受高等教育，以政治学硕士毕业并完成外地服务计划。他出生于1980年，是目前世界上最英俊的国家元首。

2008年，28岁的新国王在廷布扎西曲宗的金色王座室接受了前任国王的加冕。第二天，他发表了登基演说，他承诺：“作为一个佛教国家的国王，我的职责不仅是确保你们今日的福祉，而且还要为你们创造一片沃土，使你们能够收获精神追求和圆满业力的果实。”他秉承父亲早在1970年就提出的理念，认为幸福指数（GNH）比GDP更重要，经数十年规划，终于在近几年成功制定了一套繁复的“幸福指标”。他给不丹带来的最大影响，是他继承父王的政治理念——自削王权，推动民主。

不丹人很喜欢和爱戴他们的国王，在不丹人的家里、餐馆里、酒店里、商店里，到处可以在醒目的位置看到国王的照片；不丹币、邮票、徽章、台历、挂历、各式旅游纪念品、明信片上都可以见到国王和王后的身影。

国王到了谈婚论嫁的年龄，不少姑娘都怀着嫁给国王的梦想，每逢有什么他出席的节庆，当地姑娘都会特意打扮，希望能引起他的注意。传说当年，国王的父亲（第四任国王）就是在节庆上遇见心上人，并且一次把四个姐妹都迎娶入宫的，而现任国王就是排行第三的王太后所生。

2011年，国王与小他10岁的平民姑娘吉增·佩玛举行了婚礼，这场世纪婚礼在普那卡举行，轰动了不丹仅有的69万人口，之前人们对31岁仍然未婚的国王很担忧，因为国王必须拥有一个完整的家庭。

关于他俩的认识流传着一段佳话，据说当年 17 岁的王子跪在地上，向一名 7 岁的女孩求婚："等你长大了，我便娶你。"如今，那位女孩已经成为倾国倾城的不丹王后。可以想象，当时国王的婚讯曾令多少女性心碎。

婚礼后，国王难掩喜悦之情，他说："我等待这一刻已经很久了，我终于找到了能相伴一生的人……对我来说，王后是一个完美的人，聪明美丽，我们有很多共同爱好，我们都对艺术痴狂。"

我们在不丹各处所看到的王室照片，以五世和四世国王的最多，四世国王的照片大都是单人的，而五世国王的照片大多是和王后的合影，他们的确是很恩爱的一对。

不丹人多幸福啊，他们拥有最帅的国王和最美丽的王后。国王今年 36 岁了，希望他和王后早得贵子，这也是我和大多数不丹人相吻合的共同心愿。

不知道是因为我的虔诚还是佛祖的眷顾，结婚五年后国王和王后公布了王后怀孕的消息，带着尚在腹中的"小王子"，两人亲密合影。

2016 年 2 月 5 日，不丹小王子顺利诞生了，随后我看到了祖孙三代出来晒幸福的合影。接着，为庆祝小王子满月，国王选择了在全国境内种上 10800 棵树，每一棵树都代表了不丹人民的一声祝福，祝愿小王子健康成长，祝福幸福的不丹国民。

CHAPTER 4

廷布，小巧的首都

如果首都没有高楼大厦，没有车水马龙的景象，
也没有高档商场、名牌专卖店，
更没有肯德基和麦当劳，甚至没有交通灯……
如果这些都没有，还可以算是一个首都的话，
那么它就是廷布了！

寻访扎西曲宗

我看到的廷布是最不像首都的一个首都了，交通岗通常是一个圆形的石头堆砌物代替，可是车辆都很自觉，这让我们感到特别新奇。首都廷布是世界上唯一没有交通灯的首都了，但是有一个真人交通岗，我们特意去找了一下。戴着白色手套的交警指挥着交通，只见他很随意地不停挥舞着双手，感觉不到他的手势是否规范，可是在他手下指挥的交通状况井然有序。之前不丹政府曾经在首都设置过一个交通灯，但是当地人觉得交通灯很丑陋，而且一点也不人性化，没过多久就被拆除了。

廷布是一个年轻的首都，是不丹的政治和文化中心。1961 年，不丹第三任国王吉格梅·多吉·旺楚克由普那卡迁都于此，这个城镇才开始慢慢发展起来，成了全国人口最密集的地区，其实目前人口也才 10 万。

城市的建筑都是不丹传统式的风格，房屋层高大多在 3 层左右，在这里，别说摩天高楼了，就连摩登女郎也见不到一个。

廷布没有太多的旅游景点可逛，大部分游客只在这里停留一天，购买一些纪念品，顺便在街上随便溜达。首都较为繁华的主街只有一条，集中了酒店、餐馆、商店，规模都不算太大。

扎西曲宗，是廷布的必去之地，这座雄伟的宗堡屹立于城市北部，地处旺曲河两岸，与整个峡谷浑然一体。这座宗堡是 2008 年现任国王举行隆重的加冕仪式之地，廷布每年的戒楚节也在此举办。

我们在下午 4 点半前到了宗堡外，等候观看降旗仪式。4 点半的时候，王室卫兵队出现了，他们身着深蓝色军装，

佩戴蓝色肩章，头戴深蓝色军帽，手持长枪，威武地列队走向国旗广场。还有几位卫兵分别披了红、白、蓝三色披肩，队伍中，还有三位显然不是卫兵，好像是高级别的喇嘛，他们身穿艳丽的不丹服。随着仪式的进行，雷龙国旗在风中缓缓而降。

我们在宗堡外等候，按规定要等到国王下班后才能进去参观。宗堡外观雄伟壮观，兼具了帝王的显赫又体现了寺院的厚重。不丹所有的宗堡都是政教合一两种功能，也就是前院办公、后院寺院的格局。扎西曲宗是现任国王的办公地点，这里有国民议会、秘书处、内务部和财政部、教育部等国家行政部门。宗堡的东南部是现任国王居住的王宫。王宫并不大，我朝王宫的方向左顾右盼的，可是连个人影都没有。

进入庭院，空旷而安静的广场上只有鸽子在悠闲地踱着步，环顾四周，你很难不为建筑的气势恢宏而感叹，我转动着转经筒，只听见它发出呼呼的声音。

我的邮票我做主

除了扎西曲宗，廷布还有一个必去之地——邮局。早就听说这个邮局可以定制邮票，所以去之前就选好了照片，期待着第一张印有自己头像的邮票。

廷布邮局的所在地很醒目也很好找，邮局二楼大厅门口的右边有个不大的柜台，就是制作邮票的地方了。柜台里有两个工作人员，一个负责拍照一个负责打印邮票。如果客人没有事先准备好的照片，可以直接在现场拍一张，拍好了照片就可以等待邮票打印了。短短几分钟的时间，就可以拥有属于自己的邮票了。邮票的收费很合理，国内邮票 20Nu，国际邮票 30Nu，按邮票的面值支付费用就可以了。

我手机里的照片怎么也传不到邮局的电脑里去，看着别人一个个来来去去都做好了邮票，真让人着急啊！快下班了，负责打印邮票的工作人员倒很有耐心，她先是把邮局的邮箱给了我们，然后又让我的手机直接连到她的电脑上，各种办法都试过了还是不行。最后只好用邮局的相机翻拍了一下照片，这样一直折腾到工作人员下班，才把邮票打印了出来。那一刻，看着属于自己的邮票，好一阵兴奋，不停地感谢工作人员的耐心并抱歉拖延了她的下班时间。

为了购买纪念品，第二天我们又去了邮局。昆桑带我们去了二楼最不起眼的一间小屋子，原来这里卖各种明信片、邮票和其他纪念品。这间小小的屋子吸引了很多外国游客，他们各自忙着挑选着自己喜爱的纪念品。我挑了五世国王的明信片，还有国王和王室其他成员的邮票，忙活了好一阵才终于满意而归！

悦读悦旅行

久负盛名的不丹邮票：不丹虽然是个小国，但从1962年开始发行第一张邮票起，就在集邮界颇负盛名。不丹以屡次发行各种不同材质、形状、创意设计的新奇邮票而闻名。不丹是全世界使用最多特殊材料、技术来印制邮票的世界纪录保持者，其中有金箔邮票、油画邮票、钢箔邮票、丝质邮票、浮雕邮票、香味邮票、3D立体邮票、唱片邮票、CD邮票，可谓品种繁多！

偶遇雪山

早餐时，从酒店的窗口就看到了远处的雪山尖顶，今天又是个晴朗的好日子。吃完早餐我们前往国家纪念碑。这座藏式大佛塔是廷布最显眼的宗教建筑之一，位处市中心，它于1974年为纪念第三任国王吉格梅·多吉·旺楚克（1928—1972）而建。对许多不丹人而言，这里也是他们平日朝拜的中心，我们到的时候，已经有很多信众在此转经了。转经者大多是老年人，年轻人白天都忙工作和学业去了。广场上有很多鸽子，不管什么时候来这里，转经的人们总是如同鸽子一样多。

离开国家纪念碑前往金刚座佛像的路上，在山上不但欣赏到了迷人的廷布山谷风光，更令人兴奋的是看到了延绵的雪山。蓝天下的雪山一字排开，清晨山上没有云雾的阻挡，雪山就这样清晰地呈现在山谷的前方。

金刚座佛像

国家纪念碑

高达 50 米的金佛像是由中国制造，目前仍没有完工。正在施工的工作人员大多是中国人，烈日下，他们仍然在紧张地施工中。站在巨大的金像前，需要高高地仰视它，阳光下，金像发出耀眼的光芒。在宽大的广场上，眺望远处的雪山和廷布山谷，视线无比开阔。

随后我们徒步前往 Changri Kuensrl Phodrang 自然公园，据说这是在 2011 年为纪念五世国王大婚而建的，公园内安静得出奇，往里走，出人意料地有着绝佳位置的观景台，在这里可以看到廷布山谷的全貌。这里还修建了凉亭和大木桌，可供休息和喝茶，也是拍照的绝好地方。

徒步佛学院

从廷布出发，一直往北走，车子经过一条通往峡谷深处的道路，昆桑说，国王喜欢在这条路上骑摩托车。从王宫出来后上这条公路，行人和车辆都很少，国王戴上头盔骑在摩托车上，风驰电掣的，应该很难被认出来。不巧前方有人戴头盔骑着自行车经过，昆桑假装很认真地说，看，国王来了！

穿过旺曲河东段之后，路边就能看到一幅巨大的土红色莲花生大师岩画，再往前不远，就到了丹戈寺的停车场，我们要从这里徒步上山前往丹戈寺。

上山的小路并不陡峭，路的两旁很有创意地种了些花花草草，这些花草有些种在旧轮胎里，有些种在鹅卵石堆砌的花槽里，还有一些摆在木桩上，吊在大树下。再看那些石板上的手绘画，有画各种动物的，也有画宗堡和佛塔的，由此可见僧人们的才艺和生活情趣。另外路边的自制垃圾桶也很醒目，上面写着“USE ME”字样，其实路边很干净没有垃圾，垃圾桶大多沦为了摆设。整个不丹，不管是在山上还是在公路边，到处可见铁皮箱做成的简易垃圾桶。

杜鹃花和经幡随风舞动，时不时有下早课的僧人走下山来，寂静的山谷只有鸟语和花香。在这里，徒步的感觉总是那么惬意，因为植被多、空气好，处处都是高山大树，即使外面艳阳高照，可是林子里也总是凉飕飕的。

我们快到寺院时，遇到很多下山搬运石头的喇嘛，原来山上的寺院正在进行局部的装修中，下课的喇嘛都要忙着体力活。寺院免费为游客提供酥油茶和饼干（当然是要给布施的）。我们边喝茶边和喇嘛聊天，原来丹戈寺（丹戈意即马头）是面向僧人们的佛教研修大学，目前有僧人 300 多名。不丹共有两所佛学院，还有一所在普那卡。所有僧人在考入佛学

丹戈寺

院之前必须在寺庙学习七年以上。僧人从佛学院毕业之后，还需要去附近的杰里寺按标准进行三年三个月三星期三天的禅修。我问：“禅修之后呢？”“可以去宗或寺做老师，也可以选择继续专心修行。”

其实寺院几乎都会在山上选址，尽管都在山上，可是每一座寺院都有不一样的风景，每一座寺院都有不一样的传说。风景如画的丹戈寺，因为夏宗法王曾在此修行，在每年的 4 月或 5 月夏宗法王辞世纪念日，会成为信众热衷前往参拜的圣地。

我们走进了一间教室，正巧今天在做法事，里面挤满了佛学院的学生和当地的信众，他们跪坐在地板上，专心地诵经和听经。我喜欢听诵经的声音，每当听到诵经声，心绪仿佛会在片刻之间感到平静、祥和。很可惜，每次进寺院大殿待的时间都不会太长，因为进去殿堂都必须脱掉鞋子，可是气温低，穿袜子直接踩在地板上会觉得很冷。

CHAPTER 5

普那卡，名字和地方一样美

普那卡是美的天堂，位于湿热、富饶且美丽的山谷内。
它不但拥有不丹最美丽的建筑——普那卡宗堡，
而且曾经在过去300多年的时间里是不丹的国都，
这里至今仍是王室的冬宫。

美丽四姐妹的故乡

普那卡是王太后的故乡。第四任国王辛格·旺楚克于1978年在普那卡宗邂逅了美丽的四姐妹，1979年决定要娶她们。在1988年（时隔九年之后），国王为了响应公众越来越高的要求庆祝的呼声，在普那卡宗堡举行了隆重的婚礼。当时参加婚礼的还有国王和王后们所生的八个孩子。呵呵，听起来多让人兴奋啊！真是幸福的国王、幸运的四姐妹！

第四世国王有四位王后，而且这四位王后都是出自同一家庭的四姐妹，普那卡是四姐妹的故乡。是什么样的地方可以诞生四位王后呢？我们对这个神秘的地方充满了好奇，准备去探访一下她们在普那卡的家乡。

车子沿着山路一直盘旋而上，越往高处风景越美，到处是高耸入云的松树，郁郁葱葱，路上的村庄都很美，每次都以为下个村子就到了，可是车子不停地往山上走。远处的白云飘浮在群山之上，视线所及全是养眼的景致，这么美的地方不出美女才怪呢！

路上我一直在想，这么远的地方，从普那卡到目的地，我们开车近1小时，当年国王是怎么遇到四位美少女的呢？是不是四姐妹去普那卡宗参加戒楚节认识的？还是国王上山打猎偶遇了她们呢？她们当年一定有一位最先得到了国王的关注，但四姐妹情深，她们表示：如果要嫁入王室也可以，但必须我们四姐妹一起，不然我们各分东西该多孤单啊！深情的国王于是想也不想就答应了这个要求。

可是后来轮到国王向他最钟情的六妹（总共六姐妹，四位王后排行是第二至第五，前面还有位大姐，后面还有位六妹）告白时，却得到了她的婉拒："相比王室生活，我更崇尚自由自在的乡村生活，姐姐们陪伴你已经足够了，我要过

我自己想要的生活。”身为一国之君的国王还是尊重了六妹的选择，也许他也懂得“爱你就要给你自由”的道理吧。

终于在一处可以眺望到雪山的村子，司机停下问路了，很巧，王后们就是生在这个村子。村子外面由印度人在进行装修和施工，村子周边花草树木都打理得很好，各色鲜花盛开，松树柏树都葱郁而有型。

这个村子叫罗布岗村，坐落在普那卡河谷一个山脊凸起的高处，村里有 50 多所房屋，沿着山脊一字排开，王太后的娘家位于全村的最高点，在这里，可以看到北面的雪峰以及东面、南面宽阔肥沃的普那卡和旺杜波德朗河谷，视线开阔、景色壮观。

据说罗布岗村女人的厉害和独立是出了名的。有个笑话说，如果一个男人要娶罗布岗的女人当老婆，他就应该卷起袖子来到这里，随时准备完成她分派给他的任何活计。王太后出生的时候，她的父亲充当了接生婆的角色，他用一根削尖的竹桩切断了婴儿的脐带，并且要在妻子的床前伺候好几个星期，直到产妇身体完全恢复。

来的路上昆桑就说，老房子进不去，我们只能在外面看看。正巧遇到了管家，我们坐在门口的草地上聊得很愉快，后来他还破例开门让我们进了院子参观。现在我们所看到的三层大楼房，是由王太后们中最大的姐姐贝达于 1999 年翻修竣工的。

如今的四姐妹早已住在廷布的王宫了。1997 年，这里修通了公路，从罗布岗到廷布只需 3 小时车程，而在此之前，下山前往普那卡宗骑马都需要 2 小时。每年国王和四姐妹都要回来在此小住，具体回来的时间是由做法事的僧人决定。管家告诉我们，王太后的父母亲住在尼姑庵附近的村子里。

这么美这么清静的地方，她们要是回来该有多热闹啊，乡亲们一定会络绎不绝地来探望她们，当然，大姐和六妹一定是少不了的……这里没有任何车辆也没有游客，我们在院子四周到处拍花，昆桑和司机坐在草地上继续和管家闲聊，不难想象，四姐妹肯定没事就爱摆弄这些花花草草，闲暇时就眺望远处的雪山，或者去村子附近的寺庙。

悦读悦旅行

第四任国王吉格梅·辛格·旺楚克，1972 年即位时才 17 岁，不少海外媒体受邀采访不丹，将他形容为“全世界最年轻最英俊的国王”。他在位期间推行了不少政策：对内完善基础设施和建设、开放互联网、引入电视；对外开放了不丹旅游，并积极和世界开展外交关系。不丹举世闻名的幸福指数，他就是最有力的提倡者，一直被视为“现代不丹之父”。我们在不丹各地都能感觉到四世国王受爱戴的程度，而且他年轻时的照片确实英气逼人。

第四世国王诞生于 1955 年，2015 年是他的 60 岁寿辰，不丹各地开展了一系列的庆祝活动。

期待盛开的蓝花楹

提到蓝花楹，不得不提普那卡宗，提到普那卡宗，不得不提“宗”。“宗”，为不丹早期作为防御外敌的碉堡，现在成为不丹每个区（省）的政教中心。不丹全国共分为 20 个区（省），每个区内都设有一个宗，作为当地的政治与宗教中心，因此宗的规划，一半属于宗教寺院的形态，一半属于政府办公所在地。

普那卡宗是不丹修建的第二大宗，建于 1657 年。在廷布于 1955 年成为国都之前，这里一直是不丹首都，更重要的是，它是公认的不丹最美丽的宗堡。普那卡宗地处母亲河和父亲河的两河交汇处，你可以在河对岸眺望它，事实上，不管你从哪个角度观赏它，都会被它的气势所征服。

20 天的时间我在不丹前后参观了十多个宗，但如果你的时间只允许你参观一个宗的话，那就是普那卡宗。几乎进入不丹任何一所宗堡之前，都要穿越一座木质的廊桥。普那卡宗的廊桥长达55米，显得特别悠长，木雕工艺显得特别精湛。倚靠在廊桥的木栏杆边，可以望到宗堡白色的高墙，河边盛开的鲜花给庄严的宗堡平添了几分浪漫的色彩。再往里走，你会被建筑的金色、红色和大量的黄色精致木雕所吸引，这些色彩和工艺无不体现出普那卡宗浓浓的艺术气息。

普那卡宗是国王登基、加冕、婚庆的圣地。1907年，不丹第一任国王乌颜·旺楚克在这里举行了盛大的登基仪式。莲花生大师曾预言一个圣人将会到此建宗传法，后来夏宗法王果然来了。普那卡宗的建筑师在佛塔下睡觉，梦到了普那卡宗的形状，然后根据梦境绘出设计蓝图，并于1637年破土建造，隔年完工。

夏宗法王在这里建立了一个僧团，其中有600名是来自廷布山谷杰里寺的僧人。如今，这座宗堡仍然是中央僧团的冬季居所。

普那卡宗堡与其他宗堡的不同之处在于，堡内有三座庭院，而其他的都是两座。第一座庭院是办公区，第二座庭院是寺庙区，第三座庭院是存放夏宗法王遗体的地方。夏宗法王在普那卡宗堡内去世，其遗体经过防腐处理，棺材为密封状态，不能打开。

在去不丹前，我曾看见过蓝花楹的照片，紫色的小花盛开在白色的宗堡外墙的四周，高大的树梢和绿色的草地上布满紫色的花瓣，红衣僧人在树下飘然走过，这时的普纳卡宗透着无比浪漫的气息，是当之无愧的最美宗堡！我站在高高的蓝花楹树下，期待盛放的花朵，由于天气较冷，花期延后了一小段时间。现在树上还只有少数开放的花朵，还不足以展现它最美的画面，我站在树下期待奇迹的出现，希望瞬间花儿绽放，那将是怎样的一幅胜景啊！

阳具门神

在不丹旅行，你只要稍作留意就可以发现，这里各地民居的外墙上，都画有不同形状的阳具。说到这里，不得不介绍一下不丹农舍的风格和特点。

不丹的传统农舍大部分依山而建，农舍的分布并不是密集的集中式，但朝向相对统一，同一地区的房屋整体风格也很相似，外观也比较接近。不丹的经济以农牧业为主，大部分农家除了种植谷物和蔬菜外，也同时会畜养牛羊等动物。传统的房屋建材多为木头、石块、泥土和砖块。

传统的农舍考虑到它的实用性，经过不断改良，我们现在所看到的房子通常都是两层半的结构：一层是大厅、房间与厨房；二层有一个精心布置的佛堂，还有客厅和卧室；最上层的屋顶下方是半层的高度，那里是作为储藏干草、晾干辣椒和农产品等的地方，这层的设计通常都是半通风的状态，而干草在冬季对屋内保暖也起到很大的作用。

房屋的结构大致如此，重头戏却是在装潢。不丹的建筑会采用大量的木材，而这些木材经过精细加工和雕刻后，会呈现出不同的图案和色彩，这些图案都有其独特的意义，大都和佛教意蕴与哲理有关，或是阐述一个佛教故事。其中最为常见的有字，以及莲花图案、祥云旋绕等佛出现时的八种吉祥象征。

在大门和外墙上会有大的图案，通常是神兽和巨大的阳具，这些阳具颜色各异，其中最醒目的是红色。图案中有些还插上一柄宝剑，有些被缠上了哈达。还有的在屋檐下悬吊生殖器模型。这些阳具的象征意义并非繁殖力和性崇拜，而是用来驱邪的，这个典故来自疯喇嘛竹巴衮列。

藏传佛教中的济公活佛竹巴衮列是最受不丹人尊敬的圣人之一，也是“大智若癫”的好例子。他在不丹和中间西藏游历，

进行瑜伽士修行，并用歌曲、幽默和出格的行为将他的教义传授给民众。活佛因阳具降服了附近的妖魔。也因此，常会在不丹许多乡村的房屋四周的墙上，看到一根木雕阳具与一柄木剑相交叉，悬挂在房檐的四个角落，目的就是用来避邪。

在普那卡切米拉康寺庙附近的一个村子，我们的行程上称为“生殖文化村”，这个村里的每家每户都统一大规模地避邪，不但墙上画着巨大的阳具图案，更有意思的是这个村的十多家商店，里面出售的几乎全是和阳具有关的商品。这些商品各种材质和形状的都有，木雕、摆件、钥匙串、明信片等应有尽有。有些木雕的阳具还被画上了眼睛、戴了草帽，并被涂上了各种颜色，让人大开眼界。

我们吃午餐的那家餐馆，不但屋檐下挂着阳具的模具，还在进门处立了个高达 1 米多的木制生殖器，吃饭也要避邪。就连餐馆洗手间里面也有专门摆放这宝物的桌子呢！

从生殖文化村徒步前往切米拉康，单程 20 分钟左右。当地尚未怀孕的女性会到这座寺庙来向圣人祈福。新生儿也会被抱回到这里来取名，所有人都用一个名字：切米（Chimi）。

切米拉康深受当地信众的喜欢，同时也是来普那卡的游客必去之地，寺庙所在地有一棵千年菩提，四面视线开阔，景色宜人。

生殖文化村

在108佛塔赏雪山群

108座佛塔的照片，出现在各种明信片、画册和宣传资料中，照片中的108座佛塔群气势宏大，坐落在海拔3140米的多楚拉垭口。如果在天气晴好的情况下，可以看到对面的喜马拉雅雪山群，场面浩大。

廷布来往普那卡之间，108座佛塔是必经之地。不过，因为天气原因，想要拍到好照片并不容易。LP上说，只有每年的10月至次年的2月间，才有机会欣赏到胜景。好吧，到哪里都要拿人品出来拼的。

普那卡距离廷布76公里，将近3小时的车程，我们正好赶上道路扩建期，道路会不定时地进行封路，也就意味着路上会遇上堵车。不过今天还好，我们早上徒步去切米拉康了，在那里逗留的时间，正好避开了一个封路时段，等我们从切米拉康出来，一路上交通顺畅。路上的美景我已经顾不上欣赏了，闭上眼默默地

祈祷人品爆发吧！等我睁开眼的那一刻，已经快到多楚拉垭口了，早上天空密布的云层，这时已经迅速散开露出了蓝天。

108座佛塔（108是佛教徒的一个吉祥数字，代表转一周所祈祷的次数）的塔名为：楚克旺耶纪念碑。这些纪念碑是由第四任国王的王后多杰·旺姆·旺楚克于2003年为出征的国王和军队祈福发愿而修建的。

我们的车很快到达了垭口，蓝天下，108座佛塔就在眼前，在一个独立的山坡上，佛塔群错落有致地排列着。在佛塔群后面有一个经幡舞动的山头，在那里可以拍到108座佛塔的全景。

这时只见天边所有的云都集合起来，形成了薄薄一层的朵状，紧紧贴合着前方的群山。这些群山就是喜马拉雅群山，群山背后就是西藏山南地区。白云下可以清晰地看到露出的雪山的尖顶，也就是说，我的祈祷起了作用，我们看到了这个季节很难看到的胜景——喜马拉雅雪山全景！

白云刚刚好，蓝天刚刚好，雪山刚刚好，不多不少，不早不晚，所谓的完美不过如此。兴奋伴着狂喜，幸福来得太及时了！眼睛忙不过来了，手舞足蹈一阵狂拍，先来张近景，再来张全景，忙得不亦乐乎！千万别和我提什么叫矜持，千万别和我提什么叫淡定，此时此刻，此番美景之下，说啥都是多余的。不丹之行，一次次地给我各种惊喜，我也一次次地庆幸：幸亏自己的心脏还好。

面对雪山，面对佛塔，摆出各种pose，人一高兴，就容易得意忘形。见到壮观的雪山之时，我就把持不住自己。在众多的国际友人面前，也忘记了要注意自己的形象了。好在这些人都比我淡定，拍着拍着他们就下山赶路去了。我们今天安排了足够的时间，决定要拍个够。

老天作美，等我几乎把每一座佛塔都触摸过一遍之后，等我把每一个角落都踏遍之后，等我摆完了瑜伽pose和广播体操各种pose之后，云层开始满满加厚了，提醒我们该去吃午饭了。

CHAPTER 6

岗提，黑颈鹤思念的故乡

富毕卡山谷是位于黑色西坡的一个碗状的冰川峡谷，由于成群结队的黑颈鹤来此过冬，这里也成为不丹国内最重要的野生动物保护区之一。

通萨宗：旺楚克王朝发迹地

前往通萨宗的途中，一路上山路弯弯，两旁古树参天，海拔 3000 米左右。在路边可以看到很多高山杜鹃，这些花朵仿佛与世隔绝，开放在寂寞的山林里，独自享受着属于它们的春天。

高原的天气说变就变，不知道什么时候开始下起了雨，再转几个山口，又下起了雪，气温骤降，路边的景色从绿色一下子就变成了白色，高高的松树上挂满了白霜。

快到通萨时，雨还没有要停的意思，远处的雾霭将村庄掩藏在半山半雾之中，突然发现有一个高大的独立的圆形塔楼，那就是通萨望塔——现在的通萨博物馆。

在不丹，参观宗和寺院都不需要购买门票，但有些博物馆需要收取门票并进行人员登记，进去参观前要寄存好随身物品和相机，馆内禁止拍摄。通萨博物馆就是需要购买门票的。

通萨博物馆专门展示不丹王族历史和不少佛教圣物，这里有王族穿戴过的衣服、帽子，包括有 500 年历史的纳吉·旺楚克的外衣、第四任国王在青少年时期穿过的足球鞋等。最神圣的宝物是一本叫作《Padma Kathang》的书——由莲花生大师的明妃益西措嘉撰写的莲师传记。

博物馆的顶层是整个博物馆最让人留恋的地方，那里能看到 360 度通萨迷人的风光，站在圆形的顶层上，通萨宗和附近的村庄、山峦尽收眼底。山风吹来，不由得感叹：时光，你可以停留在此吗？

不管是从哪个角度欣赏通萨宗，都会被它的气势所震撼，神圣雄伟的通萨宗立于海拔 2200 米高山之上的峡谷边缘，狭长的建筑群盘踞着整个山腰。红白相间的整体建筑在雨后显得清晰夺目。

通萨宗不但选址居高临下、引人注目，而且历史悠久，是现任旺楚克王朝的发迹地，这里的第一座建筑由纳吉·旺楚克于1541年建造。通萨宗和王室密切相关，第一任国王和第二任国王都在这里统治全国，如今的第五任国王也是在登基执政前先担任通萨地区的行政长官。

庞大的通萨宗堡内共有23座寺庙，在规模上为不丹之最，这些寺庙大部分是不对外开放的，寺院内的回廊、寺庙、办公室、教室、僧侣住所等纵横交错，宛若迷宫。

僧人没见到几个，动物们倒是不少，有意思的是寺院内除了到处有狗之外，还看到很多在屋檐下避雨的鸡和在房檐下行走的猴子。想必它们也是见过大世面的，狗通常在原地动也不动，不管晴天还是下雨，它只负责睡觉，雷也打不动；鸡们倒是挺有风度的，原本都在房檐下避雨，见到行人走过来，就慢条斯理地踱到另一边去了；猴子们在屋顶蹦蹦跳跳，见到有人还时不时跑出来露一下脸，像逗你玩似的。

富毕卡山谷的晨雾

离开通萨宗，我们在附近的一处餐厅吃午饭，在餐厅的二楼，可以透过窗口再次欣赏到通萨宗的全貌，可能是秀色可餐的原因，连平日里并不爱吃的油饼在这里也成了美味，连着吃了好几个。最后上的那道甜品——香蕉芝士也好吃得连吃了两份。

午饭后我们前往富毕卡山谷的岗提，这个名称来自峡谷山脊上那座著名的寺庙——岗提寺。

当晚入住的 Dewachen hotel 位于 Tabiting 村，酒店的名称是阿弥陀佛的“西方净土”之意。这里视线开阔，可以看

岗提寺

到远处开阔的山谷，更重要的是，房间内配有柴炉，我们进到房间时柴火烧得正旺。坐在窗前的沙发上，喝着热茶，往火炉里添些柴火，享受着柴炉的温暖，旅途的疲惫顿时消失得无影无踪。晚上意外地停了几次电，好在有柴炉，及时驱赶了黑暗和寒冷。

第二天路上将遇到交通管制，所以我们早上 5 点半就起床了，清晨拉开窗帘的那一瞬间，窗外迷人的景致毫无保留地倾泻而入，远处山腰下的那缕晨雾弥漫在村庄和树林间，阳光透过树林洒在乡村的屋顶上，散发着无比柔和的晨光。晨雾和炊烟紧紧缠绕在了一起，分不清哪是晨雾哪是炊烟，好在它们每天都这么和平地相处，彼此早已不分你我了。

酒店的餐厅有从天花板到地板的大型落地窗，圆形的设计让你不管从哪个角度都不会错过窗外的美景，我边吃早餐边欣赏田园牧歌似的山水画，既饱了肚子又饱了眼福。

富毕卡山谷的清晨

岗提的高山杜鹃

从酒店出来前往岗提寺，路上遇到很多去上学的小学生，他们穿着不丹服，拎着保温盒，背着书包三五成群地迎面走来，当我们的车子靠近的时候，他们会站在路边等候，如果你摇下车窗，他们还会友好地打招呼。让我意外的是，经常会有孩子停下来向车子敬礼。每次遇到这种情况，我都会在感慨之余为这个国家的教育而自豪。

穿过几个村庄就到了岗提寺，一条绿树盎然的通道直达寺院的大门，路的一面可以俯瞰整个富毕卡山谷，另一面则是高高的寺院外墙。外墙像隔断，分隔出了两个世界，一边是风景，一边是佛寺，跨一步，就是踏入了另一个世界。

白玛林巴转世的白玛廷莱，于1613年在这里修建了一座宁玛派寺庙，目前岗提寺的活佛昆赞·白玛·朗杰是白玛林巴的第九世转世。寺院正中的法堂采用藏式风格修建，内有八大支柱，是不丹最大的法堂之一。附近的山上还有座佛教禅修中心，禅修通常会持续三年三月又三天，禅修者在此期间闭关修行，所需简单饮食均由其他僧人传送，但不能见面。

正好是僧人们的用餐时间，他们洗好碗三五成群地走出大门，往寺院后方走去。他们身后，还跟着一只大黄狗，它像是队伍里不可缺少的一部分，跟随喇嘛们快乐的身影一起消失在了山林间。

从岗提寺出来后，一路上都是盛开的高山杜鹃花，绵延几公里，它们盛开在路的两侧，蓝天下，红色的杜鹃为道路筑起了一道美丽的屏风。山坡上，马路边，粉色的、红色的杜鹃聚集在了一起，像是要举办一年一度的鲜花盛

会。这条路在这个季节更适合徒步或骑行，坐在车上一晃而过实在是浪费了，不过为了避开交通管制的时间，我们只稍作停留之后便继续赶路。

车子刚走出没几步，昆桑突然冒了一句：“学生（雪山）！”我抬头一看，吓了一大跳，原来前方是一排雪山，一字排开，好不壮观！悄无声息的情况之下，盛景就这样出现了。顾不上什么赶路了，跳下车连跑带跳地爬上了旁边的一个山坡。经幡舞动的前方，雪山一览无余，高高的松树，艳丽的杜鹃花，都成为观赏雪山的极好前景。蓝天下，薄薄的云层还没有来得及聚拢，群山之上，雪顶清晰可见。景象如此壮观，这可如何是好啊！不知道谁在路边的木桩上插了一朵又大又艳的杜鹃花，如此美意，怎可辜负？自然又是狂拍一顿才能收场的节奏啊！

遭遇堵车

好天气一直给力，看完雪山心情还没有平复，车子堵在了 Nobding，还好，我们只早了一点，离车辆放行的时间还有 15 分钟。于是我们徒步返回刚才经过的路口，在白塔上方，我们曾两次经过此路段，每次都可以在这里看到远处山谷的雪山。哪里有雪山，哪里就有美景，一个也不能错过。

旺杜通往普那卡的路段因为道路扩建，每天会对车辆采取限行，我们从 Nobding 出发后，又在另一个地方被限行了，昆桑下车去打听了一下，说是要 2 小时之后车辆才能通行。

在这里有必要说一下不丹的交通状况，这是我们整个行程中遇到的第一次堵车，本来不丹因为人少车少，根本没有堵车一说。

不丹境内有很多道路的修建和维护都是由印度人承接的，印度人也由此享受在不丹免除最低消费的限制等特权，所以在不丹境内，随处可以见到印度人。他们毫无例外地和其他国家的游客一样青睐不丹。

所有限行的车辆都很有秩序地停在了路边，没有人表示焦虑和急躁，大家都很平静地等待，有些人在车上等，有些人下车活动去了，还有些司机和导游下车聚在一起聊天，没有人会想要侥幸插队。这让我想到了平时在车辆正常行驶之时，也很少遇到不打招呼就超车的情况。对方车辆如果无意快行，它会示意其他车辆先行，如果遇到道路狭窄，对方车辆会停在路边，让有意先行的车辆安全通过。

政府车辆从牌照上是有所区别（BG 开头的是政府牌照，BP 开头的是私人牌照，BT 开头的是出租车牌照），可是它们也不享有任何特权。处处谦让和为对方着想，这也是不丹人行车礼仪的良好体现吧。有一次在廷布市区，我们的车和王太后的车擦肩而过，当时也没有实行交通管制或警车开道。

后来还遇到一次堵车是在蒙加尔，那是因为砍树的原因而堵车——不丹道路边有很多大树，需要不定时的砍伐，为了行车的安全，通常要等树砍掉拖走才能通车，这种情况不知道需要多长时间，因为不清楚要砍掉多少树——当时所有等待的车辆也都很平静，没有人鸣笛，没有人表示不满，甚至没有人向前方打探需要多久才能通车，如此淡定！

这让我体会到了在不丹几乎不知道焦虑的等待是什么滋味，不丹人性情温和不急躁，是和大环境的慢节奏有关呢，还是和他们的宗教信仰有关呢？

CHAPTER 7

古老神秘的布姆唐

到了布姆唐，就算到了不丹的中部。
开阔的绿草地，遍地的牛羊和农庄，
那些有故事的庙宇，
都让人有一种想待在这里不走的冲动，
让时光在此停留吧！

绿，是布姆唐的招牌色

绿是不丹的招牌色，越往中部走，体会越深，山是绿的，草是绿的，群山起伏，林木茂密。我们每天都行驶在崎岖的山路中，周围全是延绵的绿色群山，睁眼闭眼全是绿。有很多树木长大到一定的高度后自己断了，还有些上面爬满了松萝。这个国家的森林覆盖率高达 72%，这不仅仅是个数据，它是由我们眼前看到的实实在在的绿而构成的。这么多树，没人砍吗？如果因为建房子需要木材，那不丹国民要先报批，经过审核具体的数量之后，允许你使用木材，那么才可以砍树，之后你需要种植同等数量的新树。

有人问我，花那么多钱和时间去不丹值吗？值！这里的绿，养眼；这里的空气，养肺。在这里，视线所及都是绿，不同海拔、不同区域都分布着不同的植被带。这里没有工业的污染，再加上总人口少，任何一处所呼吸到的空气，都是其他国家的都市无法用金钱能买到的。

从普那卡开车去布姆唐需要 9 小时左右，全是颠簸的山路。很多游客会因为时间的关系选择在不丹西部停留，而从中部布姆唐开始游客就越来越少了。可是越往中部和东部深入，对不丹的自然景观和风俗民情就越有更深的体会。布姆唐有机场，想节省时间的话也可以选择从帕罗飞到布姆唐，可我觉得那样就错过了一路上的美景，风景永远都在路上，目的地有时并不是那么重要。

一天之内，这段行程经历了不同海拔和地貌。早上我们经过旺杜波德朗，一路都是高山峻岭；中午翻过了 3420 米的帕勒拉山口，远眺到了雄伟的通萨宗；下午再翻越海拔 3425 米的永同拉山口；傍晚时分到了布姆唐却进入了巨大的山谷地带。

快到布姆唐时，路边的景色开始出现了大片平坦的绿色草地，地势也开阔了起来，牛羊在草地上悠闲地吃着草，感觉这一带是很适合的居住之地。坐了一天的车，在一个稍宽的路口，我们说要下去活动一下，昆桑居然轻描淡写地说，你要去看王后以前住过的房子吗？啊？王后！她的家乡就在这里吗？是的，那棵开着桃花的树后面那栋房子就是她的家。面对如此淡定的昆桑我又无法淡定了，赶紧向桃花跑了过去……

等我跑过去才知道，桃花和房子都被围起来了，原来这里的牧民把各自的草地都圈了起来，以防止牛乱吃草，所以最后也只能隔着草地隔着桃树远远地眺望一下王后的娘家了。现在里面没人住了，王后出嫁后，家人也都搬去首都廷布了。

最古老的王宫

不丹中部被认为是不丹最早有人居住的地区。布姆唐在 17 世纪之前一直是个独立的王国。第一任国王和第二任国王统治期间，布姆唐保持了其政治上的重要地位，这两位国王都将办公地点设在了贾卡尔的旺迪曲林宫（Wangduechhoeling Palace）。

如今这里依然留存了许多令人瞩目的王室居所以及乡村宅邸。对不丹王室来说，布姆唐有着重要的意义，因为王后也在此为现任国王建造了庙宇，周围地区还有不少王室的行宫，每年王室成员也会到这里度假。

旺迪曲林宫建于 1857 年，这里曾经是通萨佩罗（行政长官）晋美朗杰（第一任国王的父亲）的一座兵营，也是不丹第一座没有采用堡垒设计的宫殿。第一任国王后来就在这里出生，并将其作为主要寝宫。这里也是第三任国王的居所，后来他于 1952 年将整个王室迁往普那卡。

昔日恢宏的王宫没有得到足够的重视，如今略显凋零的王宫则由国王的亲属接管，并改为僧侣学校。可能是午休的时间，王宫内显得特别安静，只有那几棵高大夺目的梨树，独自开着花，开得热闹非凡。

隔壁安缦酒店的住客可以参加寺庙每天晚上 7 点的晚祷，接受高僧的祝福。酒店也会定时邀请僧侣们到酒店前的空地表演节庆舞蹈等。

跨过王宫旁的一扇门，就到了安缦酒店了。这里离王宫实在很近，几乎是共用一个大院子。酒店的外观像一座时尚的宗堡，和古老的王宫形成了新与旧、时尚与古朴的巨大反差。昆桑提前联系好了酒店，带着我们进去参观。

通往酒店客房，要穿过高高的石头堆砌的通道，为虔诚的客人带来内心的宁静之感。客房的设计是敞开式的布局设计，房间内采用了大量木材和棕色纺织品，让房间看上去颇具禅意。传统的布哈里柴炉和超大的双人床感觉很不错。位于中央的豪华浴缸和豪华衣帽间让人在房间就能享受到舒适的水疗。坐在窗户边的榻榻米上，透过落地窗，可以欣赏到院子里美丽的果园风景。

徒步朝圣之路

布姆唐有太多的理由让人在此停留，这里有着悠久的历史和人文可探究，还有很多不丹古老、重要的寺庙，到处都流传着圣人和寻宝者、降妖伏魔和璀璨奇迹的传说，遍布着莲花生大师和白玛林巴造访后留下的丰富遗迹、隐修所和圣地。这里地势平坦、游客稀少，处处是迷人的田园风光，在这里，大可以享受徒步的乐趣和自在。

库杰寺

简培寺

在布姆唐停留的时间，可以把行程安排得很丰富，但感觉挺悠闲和舒适。今天我们要去当地的四五座主要的寺庙，在不丹这个佛教国家，参观寺庙进行朝圣之旅是旅行的一个重要部分。虽然我不是佛教徒，可是处处沐浴在佛光下，岂不是很幸运的一件事吗？

首先我们去的是位于卓霍山谷的简培寺，据说这座寺庙由藏王松赞干布修建于公元 659 年，相传文成公主入藏时，带着一尊珍贵的释迦牟尼佛像，这尊佛像到了这里却陷入泥沼，无人能抬起。文成公主说整个青藏高原上其实躺着一个女妖魔。松赞干布为了降服女妖魔，于同一天在大藏区建造了 108 座庙宇，因此简培寺和帕罗的祈楚寺也是于同一天建成。

简培寺主寺内有三层石头台阶，分别代表着过去、现在和未来。人们相信，代表现在的台阶低于地面高度时，就是世界末日。每年10月，不丹最壮观的节庆之一——竹巴节将在此举行，午夜，喇嘛们会进行一场祈求丰收的仪式——跳财富之舞，舞者们赤身裸体。听昆桑说起这个舞蹈，我深感惊奇！不过神圣的宗教舞蹈不容瞎想。

从简培寺出来后，我们要徒步2公里，前往另一个重要的寺庙——库杰寺。这是一条平坦的乡村土路，一路上没有车辆，牛儿们在路上踱着悠闲的步伐，附近有足够它们享用的绿草。这里的田园风光和清新的空气，让徒步的过程充满着享受。

穿过一条小溪，在一大块开阔之地就看到了库杰寺（Kurjey），这座寺庙占地很广、香火旺盛，最重要的是它由莲花生大师的身（kur）印（jey）命名而成。这个身印如今就在寺庙的洞窟内。

库杰寺的信息量好大，昆桑讲解时听起来很吃力。库杰寺由三个不同的寺庙组成，三座中的第一座是不丹最古老的建筑，于1652年建造。相传莲花生大师于公元8世纪来到布姆唐，治愈了当时国王的重病，并降伏了当地的神明。楼上的圣所是整个寺院最神圣的地方，这里有一千座小型莲花生大师像，这里还是莲师的禅修洞，他将身印留在此地。寺庙背后的大柏树，据说是从莲师的手杖中萌生出的。第二座寺庙是由第一任国王乌颜·旺楚克于1900年修建的。第三座建筑是由第三任国王的王后——格桑·旺楚克王后于1984年在顶果钦哲仁波切的指点下修建的。她还为三座寺庙前的庭院铺上了石板，并且建造了108座佛塔围住了整个寺院。

从寺院进出时，发现这里大门锁住了，进出寺院者都要走旁边临时搭建的木梯子，这种情况在不丹遇到很多次，但一直没有搞清楚是什么原因。

贵族传统热石浴

因为不用坐车赶路，所以感觉今天的行程丰富而悠闲。中午我们去镇上吃了一顿好吃的，所谓好吃的，就是我们吃到了花卷，还有鱼。镇上就三家餐馆，我们去的这家看上去毫不起眼，可是味道却比我们在酒店吃的要好很多。

吃完饭，昆桑说要去买本地很出名的牦牛芝士干，这个芝士干是她的最爱，每天我看她都含几个在嘴里。早几天她就念叨说到布姆唐来要买 yak 芝士，等我们吃完饭去买的时候，司机告诉我们他已经买了，看来当地人都很爱吃。街上几乎每家小商店都会挂着大小不一的芝士，昆桑说别的地方卖的羊芝士、牛芝士，都没有这里的牦牛芝士好吃。她买了三串，爸爸妈妈和她各一串。

下午我们还去了瑞士人投资的熊猫啤酒厂，啤酒厂设在山上，我们坐在圆形的观景大厅，边休息边喝新鲜的白啤酒。这个啤酒厂的规模和产量都很迷你，工作人员说，这里每周才生产 1600 瓶啤酒。

布姆唐还有一个充满神秘色彩的地方——火湖。据说在布满经幡的木桥上，有缘人才可以看到深不见底的湖水中隐藏的寺庙。湖边有一位常年在此的修行者，他会为经过的路人做祷告，别忘了给他点布施。

在不丹我们几乎每天都是早出晚归的，这一天也不例外，我们在晚饭前才回到酒店，我们住的这家酒店（Rinchling Lodge）正好可提供热石浴，所以我们决定体验一下。昆桑提前为我们预约了晚上 8 点的热石浴。

很久以前热石浴只属于不丹贵族，不丹人相信，热石滚入冷水中，石头内的日月精华会慢慢释放出来，滋养人的身心。因为石头加热需要时间，所以要提前几小时预订。

热石浴室外观比较简陋，室外部分是烧石头的火堆，需要不停地烧石头并加到水里，以保证里面洗浴间水的温度，外间的水箱和里间洗浴间的水箱是相通的。也就是说你在里间洗，外面有人替你加石头烧水。

我反复观察了整个过程，室外部分有一个石头砌的大炉灶，木头柴火把炉子烧得旺旺的，一个小伙子正从里面夹起烧红了的石头，用大铁钳子双手操作，轮流往旁边的四五个水箱子里放，水箱里的水顿时冒起了气泡并发出“咝咝”的声音。

进到热石浴室内，屋里并排放着两个长方形的木箱子，里面水已经开始冒热气了，水面上漂浮着一些艾草，散发着独特的清香。工作人员告诉我们，经过改良后，洗浴的人可以通过简便的方式自己调节木箱里水的温度。

里面还有一个冲澡房，原来是要洗干净后再进入热石浴的木箱，进去后就不能使用沐浴露或肥皂等清洁用品了，在里面放松和享受就可以了。

晚间室外的温度降到 10 摄氏度以下，而热石浴室内的温度却慢慢在升高，刚开始还觉得刚刚好的水温会感觉越泡越热，有点像在桑拿房，全身都在冒汗，喝点水，出来凉快一下再进去泡，不然就要虚脱了。

PRESS IN CASE OF
HIGH
OK
LOW

CHAPTER 8

从蒙加尔到伦奇

从布姆唐接着往东走就到达了蒙加尔，
算是正式踏入了不丹的东部，这里地处偏远山区，
住宿和饮食都逊于西部，游客稀少，
可以安安静静地欣赏寺庙和村落之美，
而且东部美丽的原始森林很受深度观鸟爱好者的喜爱。

蒙加尔宗的小僧侣

到达蒙加尔已经是下午了，越往东部山区走，在路上的时间就会越长。蒙加尔镇很集中，从我们住的酒店窗口看出去，几乎整个镇都收在了眼底。

我们在镇上闲逛，镇的街道两边都是老房子，这些用石头堆砌的建筑，木质外墙显出房子的年代已久，门口的窗台上挂满了色彩艳丽的盆景，好几家的门廊上有木质转经筒，经过的人们都会很自然地转上几圈。再往山坡上走，有一些刷着彩色外墙的楼房，那里是人口密集区。

我们去市场买水果，昆桑说这里的橘子很好吃，看着不好看，可是味道却很不错。我们走到钟楼附近，那里有一座蓝白相间的房子，走进一看才知道是邮局，有趣的是大门口的墙上画着一个信箱，信箱上还开了一个投递口，原来真正的箱子设在邮局里面，这个设计真可爱！

路上遇见很多放学的学生，传统的不丹服配上现代的书包，手上还拎着盛午饭的竹篮，女孩会腼腆些，男孩则会打个招呼或停下来让我们拍照。

蒙加尔宗离镇中心很近，步行几分钟就到了，我们去的时候正好是寺院的休息时间，小僧侣们已经下课了，正三三两两地从教室出来，有些正准备去吃晚饭了。有位大一点的僧侣告诉我们，宗里共有83位喇嘛，以十几岁的小僧侣居多。

我们在宗内随意地拍照，我坐在一个窗台上，却没想到后面的窗户里有个小脑袋正往外盯着我们看呢，一双透着灵秀的大眼睛和他那可爱的笑脸，顿时让人有种亲近之感。我和他一个在窗外一个在窗内，没有共通的语言，却用彼此能懂的方式交流着。过了一会儿，小僧侣从房间出来了，抱着书本腼腆地站在我身边，他的个子实在太小了，我只能蹲下

来和他一起拍照，但他一直很害羞的样子，倒是其他的小僧侣主动围了上来，站在一起拍合影。

那腼腆的小僧侣名叫 Kezang，今年 12 岁。我们走的时候，他又跑了出来，好像很舍不得我们的样子。我很珍惜我们的相遇，到廷布后，我把和 Kezang 的合影做成了邮票，让我们彼此的笑在邮票中定格。

从蒙加尔宗下来的时候，看到皇家警察们在宿舍门口打排球，人数明显不够嘛，看得我手痒痒的，好想和他们一起打一场。

伦奇宗和皇家客栈

从蒙加尔出发去伦奇，一路上的景致都在云雾缭绕里，远处的山峦在云雾里若隐若现，像一幅时刻变化着的水墨画。最喜欢那些山坡上隐藏在山林中的农舍，显得格外遗世孤立。

经过近 3 小时的山路，我们到达了伦奇宗。从远处看到的伦奇宗，高高地耸立于岩石之上，四壁几乎没有通路，整个宗堡立于绝壁之上。宗堡的顶端似乎与尚未散去的雾霭连接在了一起。

走进宗堡，长长的石板路整齐而干净，因为是沿着山坡而建，大概是为了安全起见，两边还砌了石墙，上去的台阶也是由石头堆砌的，墙边长满了绿草。这里的喇嘛一个也不见，原来今天都忙着去山下搬石头到后院修建花园呢，只留下一只大黑狗看门，而它却极不负责任地躺在大门口睡觉呢。

越往上走风景越好，更重要的是这里没有任何游客。进到寺院里面的内殿，才发现有十几位小喇嘛趴在地板上写作业呢，不用桌椅，字却写得很工整。没有老师在场，他们倒还挺自觉的。今天是周六，他们只上半天课，下午就可以放假了。

我们进到内殿参观的时候，里面的喇嘛没在，刚才写作业的一个小喇嘛进来了，像大人一样拿起宝瓶（bumpa）给我们倒了少量圣水。大喇嘛不在，小喇嘛当起家来了，我们用掌心接过略带草药味道的圣水，喝了一小口，然后把剩下的部分洒在头上，这代表沐浴了圣水。喇嘛通常会在旁边介绍一些关于寺院的情况，如果有问题也可以直接问他，听完介绍留下一些布施就可以离开了。可是今天喇嘛不在殿里，所以这些程序就省略了。

从伦奇宗出来后，昆桑问要不要去对面山坡上的皇家客栈（Royal Guest House）。去！所有和王室有关的我都感兴趣。

前往皇家客栈可以开车直达，但我们发现旁边有条小路应该可以徒步上去，于是决定下车走上去。路上遇到几个放学的小学生，其中一个小女孩皮肤黑黑的，长得有点像印度人，笑起来特别羞涩。她手里拿着把雨伞，穿着粉红的不丹服，站在路边笑着看我们拍照。

皇家客栈旁边的小路是村民们的主要通道，客栈并没有筑起高墙自成一体。客栈外墙是用不丹典型的石头砌成的，屋顶部分的装饰色彩以白、蓝、红三色为主，没有普通民居的艳丽彩色。窗户的设计倒是沿袭了民族风。这家有 12 间客房的客栈由政府管理，也是伦奇唯一的客栈，但大厅紧闭着找不到工作人员。

我们沿着石阶往上走，发现最后一排的一座房子与其他的有些不一样，房子前面有一片打理得很好的青草地，草地上插着一根旗杆。昆桑说这座房子是专为王室准备的。房屋的左边还有一个用围墙隔开的空旷地，看着像夜间篝火晚会的现场。昆桑真急人，重点的东西每次都轻描淡写留在最后说，有时不问还不说，不过她每次这样都会让我感到一种意外的收获，她越是平淡我越是惊喜。

昆桑问，饿了吗？我们找个地方吃午餐吧！我说，那就在皇家客栈门口吃吧，你看这么大的停车场，而且一个人都没有。本地没什么餐馆，所以早上出发前酒店给我们打包好了午餐。昆桑说她也觉得这个地方好，于是和司机从车上拎了一大一小两个保温便当盒下来，小的那个是盛米饭用的，大的那个是盛菜的。她打开保温盒，从里面拎出一个五层的不锈钢盖盆，里面有炸茄子、风干牛肉、豆角炒花菜，还有必不可缺的辣椒芝士。我们坐在客栈大厅前的门槛上，愉快地吃起了我们的午餐。直到我们吃完了饭，客栈还是静悄悄的，没有一个人出现。

伦奇宗的小僧侣

纺织村昂贵的裙子

从伦奇出发，车程大约 5 公里，就到了传说中的纺织村——KHOMA。手工织物是不丹最传统最实用的物品，服装、商品包装、披肩、桌布、包袋、毛毯、桌椅靠垫等日常用品，都是不丹人家自己编织的。相传织造技术是由文成公主引入不丹的。

不丹每个地区都有独具特色的编织传统和图案，其中伦奇——王室家族的发源地——最负盛名，伦奇的织工非常擅长用类似刺绣的精美图案来装饰旗拉（不丹女性传统服饰）。布姆唐的织工们生产另一种非常流行的面料——亚特拉，这是一种手工编织的粗纺毛织品，可以缝制毛毯、外套、靠垫和汽车座椅套等。

不丹人都知道，传统精密编织的中心在不丹东部，尤其是伦奇的邓卡尔和客玛村（Khoma Village），这里的产品质量无可挑剔，价格根据精致程度以及编织过程中是否使用了进口蚕丝而有所不同。手工织品按“段”销售，即 30 ~ 45 厘米宽，2.5 ~ 3 米长。不丹人将三段这样长度的布料拼接在一起，制作帼和旗拉。如果用蚕丝织造传统服装将花费三个月至一年的工夫。

客玛村大概有 30 户居民，昆桑带我们进村时，马上就有几个村民从家里拿出了成袋的布匹。在一家有院子的家里，有几位村民聚集在那里，为了更好地展示她们的作品，她们把不同色彩图案和质地的布匹晾在了晒衣绳上。昆桑很快被这些布匹所吸引，她不停地拿着它们在身上比画着，问价格，比尺寸，忙得不亦乐乎。

我们走到一个阁楼上，这里感觉是一个公共的纺织中心，在靠窗的位置上摆着好几台纺织机，这里的村民采用传统的

背带织布机，我们被其中一位在织布的美女所吸引了，实在忍不住对她举起了相机。她却不介意，始终微笑地看着我们，手里还不停地忙着。我想：她一定是位织造高手，长得这么美，经她手编织出来的图案也一定很美。

我很难用我的审美来欣赏这些传统的布匹，可昆桑一眼就能分出它们的优劣，哪些图案适合做裙子，哪些适合做上衣。她说，任何一名不丹女性都以拥有一套客玛村的旗拉为自豪，如果是富裕人家，就会拥有一套以上。我问昆桑：这些布料没有商标和品牌标识，买回去别人能认出是这个村的吗？能！只有这个村子可以织出这些图案。

昆桑看了又看，比画了再比画，看得出她非常喜欢这些布料，她和卖布的大姐一直不停地聊着什么，最后还互相留了电话。我问她，你这么喜欢这些布料，怎么不买了呢？昆桑说："我两年后再来买，因为现在还没有钱买。虽然这里的布料都很贵，但是比廷布的要便宜很多，所以我留下了电话，如果要买的话，就到这个村子买。"我问她刚才她看中的那块布料要卖多少钱，她说大姐开价有点高，但是后来她们谈好了价格，大概是人民币6000元。

一条裙子的布料要6000？这么贵！昆桑说，廷布要卖一万多，这样的一块布，手工要织三个月以上呢。不丹没有多少名牌，也许客玛村的手工织物就是她们崇尚的名牌了吧，大家都喜欢传统的东西，所以它们才得以维持和生存啊！

回去的路上，我们的话题继续停留在裙子上。我问昆桑平时穿的旗拉多少钱，她说现在身上穿的是印度的机织布料，一套才100多，但如果在节日里穿，就显得太随意了，要穿好一点布料的，一定要手工或丝织的。

这让我想起了在帕罗戒楚节上时，姑娘们个个都穿得争奇斗艳的。本地人一眼就能从服装和饰品上区分哪些是有家底的人家，哪些是平常人家。昆桑说她还没有节日的服装，所以一定要赚钱买一套。看得出她心里有多渴望拥有这样的一条裙子！爱美之心，人皆有之，听着这些，我倒是有些羡慕不丹姑娘了！

无敌顶寺的风光

无敌顶寺是不丹东部地区规模最大、地位最重要的寺院，寺院的名字为 Drametse，意思是“无敌之顶峰”。通往无敌顶寺的路程全是盘旋而上的山路，司机和昆桑都是第一次来，在几个分岔口想问路，都很难找到路人。三三两两的马儿在山坡上悠闲地吃草，经过一户农庄前，我们发现有几个村民在种土豆，原来这里是土豆的天下，每到秋天大量的土豆等待卡车运往山下，最终销往印度和孟加拉国。

海拔越来越高，越往上走风景越好。远处的山坡上有很多梯田，在一个转弯处的坡顶上，那里视线极其开阔，有几个村民和喇嘛坐在草地上，他们是在这里看风景吗？手上拿着牧鞭的，估计是放牧的村民吧，高处风光无限好啊！这里是个绝好的观景台，没有任何遮挡，周围山峰叠翠，四面青山皆收眼底，山下是层层的梯田和绿油油的菜地。

有几个小孩坐在一块高高的石头上，我说来拍照吧，估计他们很少见到陌生人的缘故，都面无表情地看着镜头。我想起背包里还有牦牛芝士呢，赶紧拿出来给孩子们分一点。也许是看在牦牛芝士的分上，孩子们终于有了笑脸。

终于到达无敌顶寺了，院子里的花草树木打理得像个美丽的花园，主殿的一楼在装修中，门檐上有各种兽类的石像。原来这座寺院是圣兽之舞的发源地，赫赫有名。圣兽之舞是一种在各地戒楚节上都会表演的舞蹈，于 2005 年被联合国教科文组织评为口头和非物质文化遗产。

我们上到二楼的殿堂，楼梯间摆满了各种武器和山猫及一些不认识的动物标本、尸体。还有很多类似锅盖的铜钹，铜钹看起来有点像古时候的盾牌。

我们出来时在寺庙门口遇见几个附近的村民，他们一家大小，拎着满满一篮子的食物和供品，装扮整齐地前往寺院内。不丹政府规定，在正式场合，包括拜访宗堡、政府机关和寺院时都必须穿帼或旗拉，如果是进入宗堡，女性会在左肩上系上一条名为“rachu”的绣带，普通男性则要佩戴未漂白过的白色麻质披肩。如果是官员，那就披黑色披肩；法官是绿色的；黄色披肩只有国王可以披上。我们所乘车辆的前座扶手上，放着昆桑的红色绣带和司机的白色披肩，它们随时都要跟随主人出席各种正式场合。

CHAPTER 9

塔西岗，遥远的东部

塔西岗是不丹东部的核心地区，
这里曾经也是不丹与中国西藏进行贸易交往的重要中心。
在不丹，越往东走游客越少，
这里的佛寺也比别处显得更为清静。

遥远的东部小镇

塔西岗镇很适合悠闲地逛上一圈。“塔西岗”是“吉祥山”之意，小镇位于一片陡峭山谷的谷底，流水潺潺的米提当曲河从镇内穿过，周边绿意盎然，充满诗情画意。镇中心的广场上停了很多车子，这里是前往塔西央奇、卡林、拉迪（Radi）、逢米（Phongme）和东部其他地方的大本营。

昆桑带我们去了镇上的汽车站，因为她爸爸妈妈今天要从东部过来和她见面，来回车程要7小时左右，她已经四年没见爸妈了，她工作的廷布离家乡实在太远了！

镇上有很多店铺都关着门，看来人确实少。我发现了一个又小又简陋的木屋，它被刷成了绿色，有人走近小屋的窗口，然后拿着东西走了。走近一看才发现原来是个迷你型小卖部。它所在的这个位置实在太醒目了，但它也实在太小了，旁边的门只有半人高。

接着走，我们又发现了一家银行，还是不丹发展银行呢，也是很迷你的门面，墙上简单地印了个logo。我正拍照的时候，有个本地人很认真地问我是日本人吗？看来这里中国人来得太少了！难道这个小镇很多日本人吗？我已经第二次被当成日本人了。旁边有个印度人带着孩子在玩气球，孩子坐在窗台上看着我们笑。孩子的妈妈却是不丹人，这让我想到了不丹人和外国人结婚是要受到惩罚的，包括取消奖学金，甚至不能担任公务员职务等。

镇上老房子都被刷成了各种不同的颜色，相同的是几乎每家大门上都挂着四世或现任国王的照片。在桥边的一个藏式佛塔旁，还专门修建了一个亭子，只为挂一张现任国王和王后的巨幅照片。

塔西岗宗离镇很近，后院的视线似乎更开阔。我们直接往后院走，却意外地把正在露天洗澡的喇嘛给吓跑了。2011 年的地震摧毁了塔西岗宗一部分建筑，修建工作仍在进行中。这座宗堡于 1667 年由不丹第三任第悉（官名）敏珠丹巴修建。从 17 世纪晚期开始，整个东部都在这座宗堡的统治之下。

塔西岗的不眠夜

在塔西岗，我们要停留两天。我们住的新建的酒店 Druk Deothjung Resort 在当地属于超豪华型，地处离镇上西边几公里远的山坡上，环境优美，空气清新，视线也很开阔，远处蓝天下高低起伏的山峰层次分明。

从山下上来的时候发现沿途还有很多正在扩建的部分，完全建成后酒店客房要增至 100 间了。目前营业中的 40 间客房和餐厅，已经是塔西岗最舒适的住宿场所了。酒店在镇上还有一家分店，昆桑和司机被安排住那儿去了。我们的房间宽大舒适，卫生间的设计也很现代和实用。客房外长长的走廊上洒满了阳光。更重要的是酒店还拥有一个 180 度观峡谷全景的餐厅！

一路上住过不少好的酒店，可因为行程匆匆，都没来得及好好享受一下。今天下午的行程相对轻松，晚上可以好好睡一觉了。

晚间的山谷异常安静，刚进入睡梦，没想到被一阵音乐声给吵醒了，还有大声的喧哗声，在深夜的酒店这些噪声被扩大了无数分贝，而且经久不衰，这么晚了，什么人来这里狂欢呢？白天没有见到有那么多客人啊！感觉这些声音像是从隔壁的餐厅传出来的，接着是旁边的几间客房。我打电话给酒店前台，说明了情况，前台只是说有客人在餐厅用餐，很抱歉！但 1 小时过去了，并没有任何解决的办法，吵闹声一直这样持续下去，难道他们今晚不睡觉吗？

晚上还没睡着，早上又被吵醒了，这种情况在不丹从来没有遇见过，不丹人都很安静的，在公共场所也都很低调。我们住的都是不丹涉外的星级酒店，肯定不会是不丹本地人。外国游客？也都是早出晚归的，昨天和我们同住这家酒店的也只有一对英国游客啊。

早餐时，我们在餐厅遇见了昨晚喧闹的那群客人，全是男性，看肤色有好几个国家的，但又明显不是游客身份。他们好像还沉浸在兴奋状态中。酒店的服务员过来跟我们解释了一下，昨晚这群客人到了之后，在餐厅用餐和喝酒，持续到很晚，抱歉吵到我们了，今天他们要走了，而且我们今晚可以换到酒店的套房了……

我们早餐后要出发去塔西央奇了，可是因为这群人的摩托车把酒店唯一的通道堵住了，我们的车子没法从停车场开出来，所以我们就在大厅门口等着。停车场和路边停了十多辆摩托车，他们还有摄制组、小飞机，忙着在酒店门口的路边录像呢，看起来这群人中有不丹人、印度人和美国人，每人一辆摩托车，原来是个摩托车队！

我站在大厅门口看热闹，他们中的一位跑过来，点头鞠躬地说了一大堆日语，然后又匆匆地跑开了。我猜应该又是把我当日本人了，而且还说了些道歉的话。过了一会儿又跑过来一个帅哥，这次不说日语了，他是不丹旅游有限公司的经理，这支摩托车队是他发起和组织的，他们为了纪念第四世国王的 60 岁生日而开展了一次环不丹骑行的活动，随行的还有摄影和录制的工作人员，总共 13 位，昨晚到了酒店，因为这次活动的原因，一群人都实在是太兴奋了，再次向我们表示歉意。随后，帅哥经理还让人拿过来一个小袋子，从里面拿出了四世国王的纪念章，给我们每人发了一枚。

后来我们到了普那卡——王太后的故乡才知道，原来帅哥经理是王室亲戚呢，他的妈妈是四位王太后的姐姐。他所在的不丹旅游有限公司旗下的餐饮店和酒店遍布整个不丹，包括我们所到过的 108 佛塔餐厅、帕罗的奥娜塘酒店等。昆桑告诉我们，我们当晚住的套房也是他前一晚住过的。

他也太低调了，一点也没透露他的身份，而且他听说前几天我们在戒楚节见到国王的时候，还表示很羡慕地说：“你们实在太幸运了，我每次都只能远远地看着国王……”

103

贡寇拉的珍贵圣物

从塔西岗到塔西央奇，路程约 2 小时，在中途，有一个必经之地——贡寇拉。车子停在路边，就可以看到这座美丽的寺庙，周边绿色的田野郁郁葱葱，佛教雕刻色彩缤纷。鲜花和绿树点缀着寺院的每个角落，这个地方的真正名字是“Gomphu Kora”，“Gomphu”表示这里是莲花生大师的禅修圣地，“Kora”意思是转经。莲师在此禅修，并且留下了一个身印。

寺院旁有一块巨大的黑色岩石，寺院的一位喇嘛主动跟我们一起转圣石并做些讲解。据说莲花生大师在岩石下方的小洞里禅修，一条狭窄的隧道通往岩石侧面的出口处，要想通过这个隧道，必须像蛇一样蠕动身体。看着狭窄黑暗的洞口，我们没有做此尝试。

我们发现还有一个奇怪的现象，就是岩石的上方缝隙中会有水往下流，整块岩石都很湿润，喇嘛说，这是莲花生大师永生甘露的圣水。在一些黄道吉日，朝圣者排队成行，将其接入瓶中。

我们走进主殿，只见一个紧锁着的玻璃柜里放置着很多圣物，其中有些是奇迹般出现在这里的，还有一些是由莲师带来的。最大的圣物是一个迦楼罗蛋，这是一块非常沉重、形状完美的蛋形石头。其他珍贵的文物还有莲花生大师的靴印、明妃益西措嘉八岁时的脚印、莲花生大师胯下大马的蹄印，以及一块属于白玛林巴的阳具状的石头。

贡寇拉的镇庙之宝当数一幅古老的巨幅唐卡，它的独特之处在于采用绘画而非贴花工艺制作而成，平常保管在箱子里或是寇拉佛塔里。贡寇拉的戒楚节与其他地方的截然不同，信众们整晚会围绕佛寺和圣石转经。

寇拉佛塔的雨中午餐

远看寇拉佛塔，很像是尼泊尔的博德纳佛塔，走近看会发现两者在体形上还是有些差距的，寇拉佛塔要小一些。

这里面有个传说：有位叫阿旺洛戴的喇嘛，为了纪念逝去的叔叔琼树配桑、镇住当地邪灵，他亲自前往尼泊尔，带回来用萝卜刻成的博德纳佛塔模型。1740年他在当地进行了复建，使人们无须艰难跋涉前往尼泊尔就可以拜觐佛塔。由于萝卜在旅途中缩水导致模型走样，因此寇拉佛塔未能完美地复制博德纳佛塔。

美丽的寇拉佛塔位于山谷中，周围群山溪水环抱，尽管当时下着雨，可是在此转经的信众仍然络绎不绝。我们到的时候正值中午。我们带了酒店准备的午餐，又要野餐了，就在佛塔周边找个地方吧。找到了一个超大的空教室，这里可以避风雨，我们把饭菜铺在地板上，坐在地上开吃了。

寺院的狗闻到香味过来了，我们把吃剩的食物整理好，昆桑拿出去放在一个地方给狗吃。不丹的狗对人很友好，人们会主动喂食物给它们吃，所以狗吃饱了就睡觉，大概这也是它不用为生计发愁的表现吧。

每逢不丹阴历一月，寇拉佛塔都会举办盛大的转经仪式，该仪式分为不同的两天进行（分别是阴历一月十五和一月三十）。十五那天主要是来自中国藏南地区Dakpa族人们的仪式，他们经过三天跋涉来此朝圣，以纪念一位8岁小女孩，她被供奉在佛塔中，以祭祀一个恶魔。三十日则是属于不丹人的仪式，朝圣者来自不丹东部各地，他们会参加当地的集市，并通过观看巨幅唐卡来积累功德。人们集体购物和见面话家常。节庆之前一个月，人们会将佛塔重新漆白，修缮资金来自佛塔周围田地所种植水稻的销售收入。

我们吃完午饭后开始转塔了，这时雨停了，转塔的人们似乎多了起来。大人们在转塔，几个年龄不大的小朋友则在塔边玩耍，其中有位长相清秀的小女孩吸引了我，只见她上身穿一件紫色的带帽卫衣，一条红色围巾很随意地搭在胸前，下身一条蓝色的紧身裤，脚下却是一双人字拖，造型和神态都挺酷的。我一直跟着她，想和她搞好关系拍几张照片。我从包里拿出了几块士力架给了小女孩，小女孩很自然地分了一块给身边另一个更小的女孩，这下我就觉得她更酷了。

她面对镜头时露出的微笑虽然有些羞涩，但神情和姿态绝对是有范儿的。这时又来了个戴印度帽的小女孩，她全身白绒衣服，白胖的小脸和大眼睛，虽然年纪小小，但面对镜头也是一副淡定自如的神态。她们完全不像偏远山区的孩子，个个都是一副见过大世面的神情。

回程的路上，我们进过塔西央奇宗，它建在一座凸起的山坡上，周围绿色的群峰起伏，峡谷陡峭。走过长长的石板路和台阶才能进入宗堡的大门。据说目前这里有 300 名僧人，可是安静得出奇，我们围宗堡走了一圈，只在一间教室内发现有 20 多名自修的喇嘛。

寇拉佛寺

遇见即美好

CHAPTER 10

隐居，在酒店

不丹有不少奢华的特色酒店，享受酒店，
也成了去不丹旅行的一个重要理由，
感受不一样的酒店，
同时也是旅行的一个重要目的。

安缦酒店的下午茶

到达不丹的第一天下午，我们去了帕罗安缦酒店喝下午茶。

一向重视选址的安缦，在不丹设有五家分店，分别在廷布、帕罗、普那卡、岗提、布姆唐。每家店都是当地最豪华的，没有之一。标单 / 双的价格在 2000 美元左右，虽然价格不低，但是不用担心它的客源，这里从来不乏高消费者，而且大部分住客预订的都是安缦酒店的多日旅行套餐。

帕罗安缦酒店在山上，千万不要奇怪，在这个山地国家，平地少，去很多地方都要上山的。在一片松林地，看到了一个石头牌子上面写着“Amankora”，我们的车子就在路边停下了。

下一个石阶然后再经过一片松林，几栋掩映在松林中的夯土建筑组成的酒店就出现在我们的视线中了，果然与它的设计主题“设计师宗堡”相吻合。

进入酒店的大厅，视线马上被一整排的落地窗所吸引，窗户外的景观顿时让我明白了经营者的选址用意所在：窗外大片的绿色松林，远处的山形在大朵的白云之

下，那白云似棉花糖般白，却极富造型和变化感。也许当时的阳光正好、白云正好、蓝天正好，一切都刚刚好！安静的大厅除了服务员外没有其他人，我们只能听到自己发出的阵阵感叹和声声讶异！

大厅的装修风格古朴而典雅，下午茶的味道也很特别，可是这些已经都不怎么重要了，窗外的那抹蓝那抹绿那片山那片云无时无刻不在变化着，无时无刻不在牵引着我们的视线，外面的世界怎么样也不重要了，我只要这面窗，我只要这面窗外的风景。

燃烧着的壁炉，温馨的灯光，桌子上散发着独特香味的花草茶，这些都只是看得见风景的房子恰如其分的点缀体，窗台的榻榻米上还放着几本不丹和安缦酒店的画册，我哪顾得上去看它啊！我宁愿相信我自己的眼睛，相信窗外真实的美景。

鸟语花香的 METTA 酒店

我们在帕罗的 METTA 酒店住了两晚，酒店在一个毫不起眼的山坡上，等车子开上去后才发现视线很开阔，依山而建的酒店零散着几排平房，院子里四处散布着初放的百合，处处都是只闻鸟语花香、鲜闻人声的寂静。

METTA 酒店最大的魅力不是它舒适的独栋客房，也不是它拥有中西式美食的餐厅，更不是它温馨的大厅和田园风格的庭院，而是酒店的老板。METTA 的老板是位地道的不丹帅哥，而且是绝对的高大上类型，帅、个高、健美、成熟型，他符合大众关于帅哥的所有定义和审美要求。这还不算，帅不足以成为故事，老板娘居然是马来西亚人，要知道外籍人士不得在不丹长居，除非和当地人结婚，并有 400 万元人民币的投资项目。当年老板娘从马来西亚来不丹旅游，认识了当地的帅哥。后来她回国了，可是她终究还是放不下不丹的心上人，就从马来西亚过来找他了，一个出钱，一个出地，两人一起开了现在的 METTA 酒店，从此两人幸福地长相厮守。老板娘比帅哥老板年龄要大十几岁，两人跨越地域跨越年龄的这段佳话，让我感叹真爱无处不在啊！

每次见到他们时两人都在忙碌中，老板娘擅长餐饮的管理，听说她之前在马来西亚经营着一家颇具规模的美容院，想必在管理上比帅哥老板更胜一筹；而帅哥老板是本地人，必定在人脉上更有优势，两人合作起来自然顺风顺水，酒店打理得很有生气。最近他们在忙着给自己再盖房子，酒店的房间不够用了。

METTA 以做中餐为主，每顿的菜式都不重复，想必这也和老板娘的管理有方密不可分。我们几个围着丰盛的餐桌，边吃边聊，直到吃完最后一道甜品。

从餐厅出来时四周更是一片寂静，只有夜空中的星星在热闹地眨着眼，山风吹来习习凉意，想必明天又是个大晴天。

乌玛，明星最爱

帕罗乌玛酒店是明星梁朝伟和刘嘉玲举行婚礼之地。

酒店位于帕罗市区的一个山坡上，周边是大片的松林，如果不是特意来此，很难发现这个隐藏得恰到好处的地方，小隐隐于林应该就是这种感觉吧。从大门口进去后，还需要有一段距离才到大堂，这段距离恰好可以用来享受林间小路的安静，在这里散散步会有一种错觉，这里真的是酒店吗？没错，要的就是这份不被打扰的宁静。

车子在大堂门口停了下来，面前是一扇紧闭着的厚重的黑色大门。当你走向前去，已经有贴心的服务生为你开启了半扇门，踏进去，那半扇门又轻轻地合上了。这时你已经踏入了和刚才在林间感受到的不一样的世界了。

大堂的设计古朴典雅、简约大气，随处可见堆满了木柴的火炉、长条灯笼状落地灯、舒适温馨的沙发，木质的元素在这里得到了恰到好处的运用。尊贵的客人会在这里第一时间享受到服务生周到贴心的服务。这里的灯光微弱，似乎与酒店营造的神秘低调的气氛相吻合，连四周的空气都是安静不受打扰型的。

哪怕是到了酒店人多的餐厅，也听不到任何与环境不协调的喧哗之声。餐厅是圆形的结构，正中间设计成伞状，宛如一个巨型的蘑菇，覆盖到每一个角落。在这里用餐，可以尽享 360 度的山林美景。我们看见了梁朝伟、刘嘉玲当年用餐的餐桌。窗外山影绰绰、树影婆娑……旅人啊！与其说是在品尝美食，不如说是在这里恣意地挥洒那份尊贵的优越感吧。

餐厅的旁边，有个舒适的吧台区，让我们来杯下午茶吧！对不丹的茶不甚了解，一路上，除了在安缦喝的茶记忆犹新之外，在其他地方喝到的大多是袋泡的绿茶和红茶，所以看着陌生的酒水单，随意点了排在最前的一种茶。靠在舒适的沙发上，时间仿佛凝固了，服务员经过耐心的烹煮，然后端上来一把精致的铝壶，那壶里飘出了浓郁诱人的香味，尝一口，却是从未喝过的味道。在旅途的午后，有这样一壶茶的陪伴，足矣！

我想象着当年梁朝伟和刘嘉玲在此举办婚礼时，各路明星会聚于此，他们在这里享受难得的不被狗仔队打扰的静谧，他们定会为自己选择不丹、选择乌玛的明智之举而窃喜。而人们至今还在为他们豪华低调的婚礼而津津乐道。

“Uma”是印尼文，意为“有生命的大屋”。酒店共有 20 个房间和 9 栋别墅，房间的价格由 360 美元至 1320 美元不等。这里的建材多为不丹传统民居使用的石头、木材和瓦片等，乌玛酒店在将传统建筑与顶级设施融为一体方面有口皆碑。设计师巧妙地将不丹传统风格时尚化，形成一种让人可亲的异国情调。

芝华林，豪华贵气不丹风

在从廷布去帕罗的路上，昆桑说：“Keke和旅行社要给我们一个惊喜。”我没想到的是，惊喜是今晚升级住五星级酒店。芝华林(Zhiwa Ling)距帕罗8公里，这里离虎穴寺不远。之前没听说过这家酒店，更没想到它如此豪华。走进大堂的那一刻，我就被它的气派怔住了。大堂经理用哈达迎接我们，随后贴心地递上了热毛巾，端来了饮料。我急切地想要仔细欣赏一下豪华的大堂，却被各种周到的服务和办理入住手续所打断。精工雕制的大柱子、随意堆放的古董、豪华的沙发、门口贴心的原木手杖、高耸的镂空中庭直指三楼、围栏和柱子的色彩缤纷……让人眼花缭乱目不暇接。

服务生周到地带我们去房间，穿过大堂之后，我们惊喜地发现后面隐藏着一个巨大的庭院，这是一个充满生机的天然园林：大片的绿草地，到处是低垂的柳枝，涓涓溪流，石板路铺就的林荫小道通向每一栋独立的客房。走进房间，还有独立的大阳台，阳台外高大的松树构成的大片的绿色，恰到好处地成为远处群山的背景。房间内有配有地暖装置。床上用品是舒适的麻质材质。一个旅人想要拥有的舒适，在这里得到了最完整的体验。

值得一提的是这家酒店的餐厅，出品不丹一流的美食，作为一枚吃货，在这里，我可以好好安抚一下自己的胃了，在此之前我每天都仅仅是吃饱，可是吃得不够美，有时甚至还不够饱，所以芝华林的晚餐成了我最难忘的不丹美食记忆。餐厅旁的酒吧时不时传来不丹风格的音乐，让人的嘴和耳朵同时得到了享受。服务生每上一道菜都被我们消灭得一干二净。当吃完最后一道甜品时，我的胃已经满足得发出了笑声。

晚餐后我们在各处探究了一番，酒店处处都透着豪华，在一个通道的侧门口，我们发现了一处华丽的不丹风格的门，于是在门边各种拍，后来看见有人从这里推门进去，才发现原来这里面居然是个厕所！事到如今，我觉得自己跟大观园内的刘姥姥没什么差别了。

上到二楼的中庭处，看见了一幅巨大的现任国王照片，上面还有他的亲笔签名，落款时间是 2012 年某月某日，这大概是酒店的开业时间吧。另一边还设有会议桌和会客处。三楼还有一座用有 400 年历史的支柱（曾是岗提寺的构件）搭建的寺庙，古老和华贵无处不在。

Boom-pa
Cottage
Rooms 21-26
01-20 Rooms 27-40

CHAPTER 11

不丹趣生活

不丹又称「雷龙之国」，
它位于喜马拉雅山脉的东岸的南麓，
南邻印度和孟加拉国，北连西藏高原。
全境均隐匿于高原山区，土地面积3.8万平方公里，
比台湾地区面积略大一点，人口仅70万。
不丹自古以来就是佛教的国度，
也是有名的药草王国。
它拥有清新美丽的自然环境、单纯朴实的人民，
被世人喻为「最后的香格里拉」。

华丽丽的大卡车

走近不丹，先从城市的街道开始。不丹的城市街道上没有红绿灯，没有高架桥，要说有什么特别的，那就是有很多华丽丽的大卡车。这些大卡车是不丹独特的道路景象，不管在城市还是乡村的道路上，总能在不经意间见到疾驶而过的大卡车。卡车的正面、侧面甚至到车尾，都充满着两个字：招摇。这些大卡车大多是白色和红色的，但最后装扮的结果都是艳丽无比、独一无二，一个赛一个艳丽，总之见不到一辆素颜的大卡车。

且看车头上，有两只美丽的大眼睛，长长的睫毛和弯弯的柳叶眉，前脸水箱上有两个三角形大鼻孔，那是两个醒目的警示牌，鼻孔上面有一只展翅的雄鹰。卡车的顶上方一排有三位佛教人物代表的图像，从左至右分别是：莲花生大师、释迦牟尼、观世音菩萨，图像的左右两边各有一个法轮造型的警示小灯。紧接着下方一排是“八吉祥”图案——尊胜幢、双鱼、白海螺、莲花、宝瓶、吉祥结、宝伞、法轮，在这八吉祥的正中间还有个象征财富的摩尼宝。

车身上其他的部位也少不了要精心装扮一番，通常是很多车子都有的老虎图案，车头部分有些披哈达有些插彩旗，甚至那些在工地上施工的大卡车也都全副武装。每当看到这些华丽丽的卡车我们都很惊喜，兴奋地对着它们拍照。

大卡车不但车身华丽，而且都很干净，哪怕是在工地现场工作的大卡车，也都保持着干净亮丽的外观，实在是大大颠覆了以往大卡车在我心目中的形象啊！

比起大卡车的华丽和招摇，不丹的出租车就要显得朴素多了。空车都统一在汽车站内等客人，没有满大街兜客的现象。出租车的车型不一样，但车牌统一都是 PT 开头的。有一次看到一辆小型的出租车，车子的后尾箱上写着“我很小，不要把我想象得有多大”，让人印象深刻。

再看看不丹的街道，虽然不是很宽敞，有些乡村小道还崎岖狭窄，但都能保持干净整洁的面貌。采用废弃的油桶或竹篓制作而成的垃圾箱四处可见，很难看到有人乱扔垃圾。

城市里没有摆地摊的，更没有随处可见的垃圾、纸屑和烟头。不丹国内禁止烟草的销售，据说这是世界上第一个全面禁烟令。不丹所有的商店禁止售卖烟草产品，国民不准在任何地点抽烟。

乌鸦，王室守护神

不丹是个不杀生的佛教国家，不丹国策中特别重视环保、保护动物，有将近200种哺乳动物和超过600种的鸟类把这里当成永远的家。

在不丹，不管是在城市还是乡村的道路上，随时随地可见牛、马、狗、鸟、鸽子，仿佛随处都是它们的家，它们也从来不把行人和车辆放在眼里。看它们的那份从容和惬意，也只能是车子和行人让它们了。

不丹的狗特别多，不管是城镇还是乡村，马路边、家门口、寺庙里随处可见，可是你放心，它们很温驯不咬人，它们的眼里也绝对没有你，除非你主动给它食物，不然它连瞟你一眼的工夫都没有，它们只爱睡觉，白天睡觉晚上叫！不丹的狗白天睡足了，晚上就开始有精神，四处的狗开大会呢，一直开到天亮，一直叫到天亮。

值得一提的是，乌鸦是不丹的国鸟。1616年，夏宗法王就是在一只乌鸦的引领下到达不丹的。还有一种说法是，相传17世纪，当时中国西藏的地方政府攻打不丹，不丹统治者夏宗·阿旺朗杰的保护神化身为乌鸦，身后百鸟相随，这诡异的情景吓跑了藏兵，从此乌鸦成了不丹的神鸟。

不丹国王加冕的王冠上就有一只乌鸦，在不丹佛教中，乌鸦是玛哈嘎拉的化身，也是王室非常重要的守护神。

不丹的国兽“塔金”（Takin）是国家一级保护动物，地位相当于中国的大熊猫。我们在廷布的动物园内见到了塔金。塔金的长相十分古怪而有趣，头像羊、角似鹿、体如牛、尾如驴，总之就是“四不像”。为什么这么奇特的动物是国兽呢？不是因为它独特的造型，而是因为和不丹人崇拜的藏传佛教“济公活佛”竹巴衮列有关。相传他于15世纪来不丹旅行，

当地信徒希望能见证他的法力，竹巴衮列说：“你们请我吃牦牛肉和羊肉，我就会让你们看到奇迹。”饱食一顿后，竹巴衮列将羊头插入牦牛的骸骨上，念了咒语，一弹指，塔金就诞生了。

实际上，塔金是一种生活在喜马拉雅山麓东边的珍稀羚牛。目前在不丹境内仅剩下 300 头左右。

珍稀而濒危的黑颈鹤在不丹人心中占有特殊地位，它们每年秋天从中国的西藏地区抵达不丹，会让当地人载歌载舞为之欢庆。它们的到来通常意味着收获季节的结束，也是农民家庭开始举家南迁之际。

许多传说和神话与这种鸟类息息相关，不丹人将其称为“throngthrong karmo”。富毕卡、邦德林和加萨等地的高山峡谷中的湿地，是多达 500 只黑颈鹤的越冬地。与其他鹤类一样，这些鸟儿也有非常优雅的觅偶仪式，雌雄配偶会翩翩起舞、相对鞠躬、展翅腾空并翻腾植被，同时发出婉约悠远的鸣叫。黑颈鹤的食物包括田间的粮食、薯类以及各种昆虫。

辣椒是国菜

不丹人的饮食习惯和我国某些地区的居民相似，他们以米饭为主食，也吃蒸饺、面条。不丹人普遍都吃辣，可以说几乎每道菜都会加大量的辣椒。

如果不能吃辣椒，去不丹绝对会挨饿。如果没有吃过辣椒芝士，那也绝对不能称得上到过不丹。

如果你是个地道的食客，那么去不丹肯定要失望了。不丹地处高原，食材匮乏，再加上不杀生，吃不到新鲜的鱼、鸡和肉类（肉类都是从邻国进口）。但是如果能吃辣椒，那倒还不至于挨饿，因为不管何时何地，不丹菜里都会见到辣椒的身影。

辣椒是不丹菜的主要食材，不丹人把它当蔬菜使用，而非配料。除了新鲜的青辣椒和红辣椒之外，还有不少辣椒的制成品，比如辣椒干和辣椒粉，熟悉辣椒的人都知道，这些都是食辣者的必备。

辣椒芝士，Ema datese，是不丹的国菜，做法很简单，就是将辣椒和芝士一起煮成糊状，几分钟即可，卖相也没什么特别的，可它却是不丹最具有代表性的一道主菜——不管早中晚、吃面条还是米饭，不管是在餐馆还是不丹人家庭里，不管是在徒步野餐中还是在国宴上，这道菜都是餐桌上必不可少的主角。

不丹菜肴以高山蔬菜为主，普通家庭的菜式很简单，通常是将辣椒芝士和其他的蔬菜一起炖，比如土豆、包菜、花菜、牛肉干等，具体炖什么要根据自己家里的食材而定。

除了辣椒，不丹人也酷爱芝士，这大概也是因为食材不充沛的缘故，芝士成为最佳蛋白质的补充来源，所以不丹菜里，除了辣椒这一主角外，芝士也是最常见的。用芝士做的日常菜有蘑菇芝士、土豆芝士、芦笋芝士、蕨菜芝士、菠菜芝士等。我猜这两样深受不丹人喜爱的菜加在一起，也许就是辣椒芝士的起源了吧！

将芝士制成方块状晾干，串起来挂在店里出售，那就是不丹人最喜欢的零食了。

虔诚的佛教国家

不丹最特殊的地方之一，莫过于以佛教为国家精神信仰的核心。

作为一名游客，你很快就会体会到佛教在不丹人的生活中无处不在：在帕罗，松赞干布修建了第一座寺庙；与莲花生大师有关的虎穴寺；廷布山谷的金刚座释迦牟尼佛像；司机在遇到路中间佛塔时顺时针绕行；五色经幡随风飘扬；路边水流驱动的转经筒日夜不停地转动；佛祖和其他佛教人物的形象被雕刻在悬崖峭壁上……

所有这一切无不在提醒旅行者——佛教信仰和教义早已深入不丹的日常生活中。行善积德、对自然深怀敬意、被神化的环境、对宗教人士的敬重等，这些都是佛教信仰的产物。

在不丹，到处都是宗寺和佛塔，祭坛上通常供奉着释迦牟尼、莲花生大师和夏宗法王像。在大部分寺庙里，信徒都会在祭坛上敬献七个装满水的碗，这种简单的供奉形式十分普遍。进入寺庙内的重要房间，通常要脱掉鞋和帽子，将相机、帽子、雨伞等留在室外，不能在殿堂内高声喧哗。

如同喜马拉雅山区所有佛教徒那样，不丹信徒在神坛面前会顶礼膜拜，首先双掌合十高举过头顶，然后向下至嘴边停顿，再向下至心口。这代表着身、语、意悟道成佛的最终愿望。导游昆桑在寺庙主殿也会行此礼，然后跪下磕头。如果留下布施，身边的喇嘛会从宝瓶里倒出少量圣水到你的掌心，你应该喝一小口，然后把剩下的圣水洒于头上。

不丹的宗堡也许是这个王国最引人注目的建筑。这些巨大的白色宗堡屹立于重要市镇的交通要道上，同时也是不丹国内 20 个宗（行政区划）的行政办公地，政治和宗教领袖也在此起居。各地的重大节庆都会在宗堡举行，全国各地的人齐聚在一起庆祝节日。

寺院和宗不同，它主要是僧人修行之地，所以通常选址偏僻，建于悬崖峭壁之上或人迹罕至的山腰。

除了宗堡和寺庙，在不丹随处可见的还有佛塔。不丹的佛塔有三种形式，分别是不丹风格、藏式风格和尼泊尔风格，所有的佛塔内都有舍利子。佛塔通常坐落在被视为非常不吉利的位置——河流交汇处、路口、山口和桥边，从而起到镇邪驱凶之效。

有些塔，例如廷布的国家纪念碑，是专门为了纪念某个人而建的。1972 年，不丹第三任国王建造了廷布舍利塔，里面珍藏着历代高僧的舍利和很多珍贵的佛教

圣物。1974年佛塔建成后，国王却不幸逝世。于是这里既是悼念已故国王的纪念馆，又是为世界和平而建的纪念碑，还是廷布人每日转塔最集中的地方。每天从清晨开始，这里就有很多人来此朝拜，有转塔的、有磕长头的。

当地人认为转塔可以清洗先前犯下的罪孽，绕塔一周便能得到诸多佛佑。磕长头是藏传佛教信徒为实现信仰、祈福避灾而进行的最为虔诚的祈祷方式。磕长头时，要双手合十，五体投地匍匐，双手前直伸。只要有佛塔的地方就有转塔的人群，而在马路上也能经常遇到磕长头的人。我不得不感慨，信仰的力量真是强大！

国家纪念碑

CHAPTER 12

幸福的格调

选择去不丹旅行，不仅仅是为了看风景，
更重要的是想要去亲自感受幸福不丹的含义。
长期以来，这个国家的GDP落后，
但CNH（*Gross National Happiness*，国民幸福指数）
一直在国际上名列前茅。

幸福指数傲视全球

不丹为世界上最不发达国家之一，2013 年，在联合国发展署发表的《全球人类发展报告》中，不丹排名第 140 位。人均 GDP 为 2474 美元，属于全球最贫穷的国家之一。农村的不丹人大多过着自给自足的生活，连衣服的布料都是自己编织的。近年来，对印度电力出口带动了不丹水电站建设，电力行业逐渐成为不丹的经济支柱之一。不丹政府的主要收入来源是水电（占 49%），出口供应给印度、孟加拉国等邻国。

虽然和前些年相比，不丹的经济已经有了快速的增长，但依旧贫穷。不丹 GDP 落后，但其幸福指数傲视全球。英国莱斯特大学的学者艾德里安·怀特曾经针对全球人口展开抽样调查，于 2006 年发表了《世界幸福地图》。不丹的快乐指数全球排名第八，也是排名最高的亚洲国家。

长期与世隔绝的不丹，形成了特立独行的生活方式和理念。在全球追求国内生产总值，为提高收入所不懈努力的时候，不丹第四任国王吉格梅·辛格·旺楚克却反其道而行之，在 20 世纪 70 年代初，明确而坚定地提倡幸福指数，认为人民的快乐和幸福是衡量一个国家发展的重要标准。他曾经自信地对全世界的记者说：“幸福指数比国内生产总值重要。”

从 2005 年起，不丹开始着手研究 GNH 的指标体系，最终确定了 9 个领域（一级指标），即教育、健康、生态、政府整理、时间使用、文化多样性和弹性、社区活力、内心幸福感、生活水平。

不丹这个人口仅 70 万的国家，年 GDP 也只有 10 亿多，可是国民乐观开朗，自我感觉很幸福。难得的是不丹实行 11 年义务教育，从小学到高中学费和课本都免费，医疗也是免费的。

什么是幸福？良好的生活环境，享受公平教育的权利和健康的保障，这些不丹都轻易实现了。在影响主观幸福感的众多因子中，教育是一个较为特殊的因素。健康也是影响幸福的关键因素，没有健康谈何幸福？所以不丹的免费医疗，应该是提升民众幸福感的重要因素之一。

另外，藏传佛教对不丹的影响很大，居民的生活环境相对封闭，需求相对简单，质朴的生活方式让人们容易安于现状，没有太多的欲望，内心才能感到平和和幸福。

不丹曾经进行过历史上最深入的一次国民幸福指数调查。全国 20 个宗的 12.6 万人提交了有效答卷，占总人口的 1/5。调查结果是 51.6% 的不丹人感到“非常幸福”，42.2% 的人感到“幸福”，只有 3.2% 的人表示“不幸福”。

旅游业，高门槛

可持续发展的旅游业和全民幸福指数概念让不丹人深感骄傲，不丹旅游业奉行“低流量、高回报”的政策，不丹政府相信唯有抬高门槛，限制旅游人数，才能保护不丹文化和自然环境免受外界的“污染”。

虽然不丹对入境游客数量并没有限制，但政府规定了每日最低费用，众所周知，旅行者每天需要支付最低 250 美元的费用，从而使不丹成为世界上出行成本最昂贵的目的地之一，但是，这笔费用包括了一切开支——住宿、餐饮、交通、导游、门票、许可证、山地徒步。无论如何都必须缴纳这笔费用，其中，政府将收取 65 美元的税费。

游客也无须参加大型旅游团，而且可以自己设计线路。单人或双人组合的游客均可轻松开展不丹游，但是须额外支付附加费用。在不丹，没有背包客式的自助游。

在第三任国王吉格梅・多吉・旺楚克于 20 世纪 60 年代开始现代化进程之前，绝大多数进入不丹的非印度籍人士都是英国的探险家。20 世纪 60 年代有一些外国人被允许进入不丹，但是只有王室才有权发放邀请函，因此大部分到访者都是王室的贵宾。

1974 年第四任国王的加冕仪式，使得有史以来第一次有为数众多的外国来宾进入不丹这个王国。在登基仪式之后，一些小型观光团获准进入不丹，并进入廷布和帕罗的宗堡以及佛寺参观。从那时开始，不丹的旅游观光模式逐渐成形。

首批付费旅行团于 1974 年抵达不丹，其领队是美国康涅狄格州德布拉德旅行社的创始人拉尔斯・艾瑞克・林德布拉德，他是现代旅行团观光游的先驱之一。林德布拉德鼓励不丹政府发展高端旅游业，限制旅游人数。

虽然不丹旅游业发展只有 40 年时间，却已经成为不丹主要的外汇来源之一，入境人数（不包括印度人）已从最初的 200 名增至 10 万人。

森林造福子孙

目前不丹的森林覆盖率为72.5%，其中1/4为保护区。政府也承诺，将来无论如何发展，不丹的森林覆盖率要保持在60%以上。不丹的第四任国王吉格梅·辛格·旺楚克相信，唯有保护好山林和原始的环境，才能为子孙后代造福。“这些山林不是我们的，而是祖先留给我们的，我们得留给后代。这些森林是上天赐予的，不能随便砍伐，因为关系到我们后代的生存，不丹的发展是可持续性的。”所以为表彰不丹王国和人民在环保领域的杰出表现，2005年4月，联合国将首届“地球卫士奖”授予了吉格梅·辛格·旺楚克和不丹人民。

不丹拥有数量惊人的植物超过5000种，其中有600余种兰花、300种药用植物和46种让人叹为观止的杜鹃花。很少有国家可以在如此紧凑的国土区域内拥有从热带丛林到高山苔原的多样化物种分布。

当冬季结束时，积雪开始融化，高海拔牧场顿时就变成了一片花的海洋，这种壮观景象一直持续到初夏时分。3月至5月间漫山遍野都被深红色的杜鹃花所覆盖，这是不丹最著名的杜鹃花。在7月，花儿开始第二轮的竞相怒放，一直招摇到8月底。这些高海拔绽放的美丽花朵包括银莲花、高山火绒草、贝母、报春花、翠雀花，还有国花——神话般的蓝色大花绿绒蒿。

不丹人要砍树，必须先向政府申请，甚至要以植树作为补偿，不丹政府规定每年6月2日为全国植树日，要求所有公民都参加植树，并规定国人每年种10

棵树。其实不丹境内的珍贵木材很多，包括婆罗双树、橡树、冷杉、云杉、桦树。但有时为了满足当地人对木材的需求，还得从外国进口。

森林一直延伸至海拔 4500 米的地方，不仅是重要燃料、木材和药材的来源，而且也塑造了独特的文化，因为木柴是许多民谣和宗教仪式的基础。在一些偏远地区和大部分寺院，木材都被用作燃料，政府正在积极推进将电能作为替代能源。

不丹传统手工艺

不丹传统的手工艺，不用走进博物馆就随处可见，不丹人的传统服饰、公共建筑、民居、宗寺以及日常生活，都体现了这个国家和民族的传统工艺。尽管它展现出来的内容极其相似和雷同，但是恪守传统不得不说是一种难能可贵的美德。

手工艺术最能反映一个国家和民族的文化，反映民众的思想、喜好与智慧。不管从哪个角度观察不丹的手工艺，都可以得出一个结论——这是一个充满佛教色彩的国度，一个深受佛教思想、价值观影响的地域。

不丹手工艺的来源始自中国西藏，这跟整个不丹的历史背景演化有关，但两者之间还是有差别的。

夏宗法王于 1616 年从中国西藏来到不丹，在他统一不丹之后，他决定要让不丹与中国西藏文化有所区别，于是他做了许多规划和创举，其中包括对不丹传统文化方向的制定，以致影响到不丹后续的工艺上的发展和特色。如果去过中国西藏和不丹两地，就不难分辨这两者的差异了。

尽管不丹传统工艺品的销售市场不大，但是政府基于对传统文化的支持和重视，仍然继续推动传统工艺的发展和训练。目前不丹有两所专门教授传统工艺的学校，一所在廷布，一所在塔西央奇，学校对外开放，游客可以去教室参观。学校开设纺织、绘画、雕刻、泥塑、刺绣等课程。

不丹传统的手工艺有13种类：

1. **造纸。**不丹人一向使用自制的手工纸，主要是利用月桂树的树皮和藤蔓植物的胶所制，手工纸主要用于经文印刷、传统书籍和礼品包装。
2. **石工。**指建筑物外墙的石造工艺，如宗、寺、佛塔和其他建筑物的外墙。
3. **锻造。**包括金属器具、刀、剑、农作器具、飞镖、链条等。
4. **泥塑。**主要制作佛教塑像和庆典仪式的用品。
5. **绘画。**不丹的绘画艺术大都以佛教题材为主，包括唐卡、壁画、家具、窗户、门框等。
6. **铸造。**制作青铜屋顶、铜佛、铜钟、佛教法器等工艺。
7. **雕刻。**用于木材、板岩或石头雕刻，包括佛教用的木刻板、面具、家具、佛龛、佛堂。
8. **木材车削。**制作各种大小规格的杯子、木碗、盘等容器。
9. **木工。**建设宗和寺院建筑物的木作工程。
10. **编织。**纺织者两手驾驭着直线与横线的编织功夫，创造出精细繁复的图案样式。
11. **打金银技术。**制作金、银、铜的珠宝首饰，法器、节庆用品以及实用的家用品等。
12. **藤竹工艺。**运用竹子及藤木，生产弓、箭、篮子、酒器、生活用具、乐器、围栏及垫子等。
13. **刺绣。**使用针线缝绣各式的花纹图样于布料、衣服或靴子上，或是做成复杂的贴花唐卡。

以上这些不丹传统工艺，除了制作来供自己使用外，也会将多余的送到市场上去卖，以增加家庭收入。

另外在不丹宗寺随处可见的唐卡和壁画，让无数游客为之瞩目，欣赏之余让人的心境沐浴在一片祥和的氛围中。

不丹传统编织

莲花生大师岩画

CHAPTER 13

我熟悉的不丹人

我所接触和认识的不丹人大多性格温和，待人谦和有礼貌、真诚，他们的喜怒哀乐不喜言表。

中文导游昆桑

昆桑是我们这次行程的导游，她高中毕业后就在廷布从事导游工作，今年22岁，是不丹为数不多的女导游之一，性格开朗活泼，和时下很多爱美的MM一样，昆桑也总是嫌自己胖，为了减肥而经常不吃晚饭。

昆桑做导游两年多了，我问她当初怎么选择这个职业的，她说她喜欢和各种不同类型的人打交道，在不丹做导游可以接触不同国家的客人。和我国不同的是，不丹本国人不需要通过旅行社旅行，也就是说，导游接触的客人都是外国人。在不丹，导游分很多种，其中以英文导游为主，另外还有植物、动物、汉语、法语和德语导游，不同类型的导游需要进行不同的培训才能上岗。

随着中国游客的增多，汉语导游在不丹日益稀缺，目前这类导游的酬金高达每天百多美元以上。昆桑所在的旅行社目前还没有汉语导游，所以她很想尽快学好汉语，转做汉语导游。之前公司已经派她前往尼泊尔参加了为期两个月的汉语培训，所以她现在可以说些最简单的汉语。年内她将再次被安排去尼泊尔学习。她一再表示，等我下次再来不丹的时候，她肯定能把汉语说得很好了。

昆桑告诉我们，上学时学校都要求说英语，英文在不丹的普及率很高，只要上过学的都会说，只不过在发音方面会受一些母语的影响，有较重的口音。我经常会听不明白昆桑的发音。昆桑肯学，喜欢和人交流，她随身带着书本，没事的时候就会中英文对照着学习发音，我想，她的那份上进心会让她进步很快的。

昆桑性格开朗，在路上遇见人总要打个招呼，有时间的话就要停下来聊聊，然后告诉我：“她（他）是我的朋友。”“你的朋友可真多啊！”我经常这样打趣她。

以下是空闲时我和昆桑的对话：

我：“你平时和朋友们在一起都玩些什么？”

昆桑：“爱和朋友一起聊聊，或者几个人在房间里跳跳舞。”

我：“跳什么舞？”

昆桑：“印度的、中国的、不丹的，乱跳。”

我：“爱看电影吗？”

昆桑：“爱看韩国和印度电影。”

我：“你有自己的偶像吗？”

昆桑：“有，但不多，只是喜欢。”

我：“你喜欢国王和王后吗？更喜欢哪个呢？”

昆桑：“我都一样，一样喜欢。”

我：“你比较喜欢哪国的游客，最不喜欢哪国的游客？”

昆桑：“我都一样喜欢，但是不太喜欢印度客人，因为有一些印度客人他们会很挑剔不丹的饮食，觉得不太好吃，还有一些比较喧闹，也不太喜欢。”

我：“你觉得工作辛苦吗？”

昆桑："不太辛苦，但如果徒步就会感觉累一些。"

我："你满意现在的工作待遇吗？"

昆桑："我们公司的待遇在不丹同行业中不算高，但因为我从一工作就在这个公司，所以不会轻易离开，再加上公司花钱送我去学汉语，我很感谢公司。"

我："你最喜欢不丹的哪些地方？"

昆桑："廷布和帕罗，因为这两个地方道路比东部好。"

我："你喜欢尼泊尔吗？"

昆桑："喜欢，因为那里的东西都很便宜，同样的衣服在不丹买就要贵很多。"

我："你想去中国吗？"

昆桑："想去，我想去那里学习汉语，但是太贵了！不丹导游都去尼泊尔学习汉语，那里有很多汉语老师。"

昆桑也会经常问我一些问题，比如看到我感兴趣的花、建筑、雪山和风景时就会问："中国有吗？"我的回答通常是："有，中国都有，中国是大国，什么都有，什么都多。"

还有一些千篇一律的问和答，比如每次去到一个地方她就会问："你喜欢吗？""喜欢，我很喜欢！"吃饭时她会问："好吃吗？"每到一个酒店她会问："房间好吗？"每天早上她会问："昨晚睡得好吗？""你今天累了吗？""不累。"

昆桑是个孝顺的姑娘，她的父母在不丹东部塔西岗的乡下，因为路途遥远不能经常回家，再加上因为目前的收入不能给家里补贴足够的家用，她为此感到遗憾和内疚，年纪轻轻就有这份孝心真不容易。昆桑在廷布要自己租房，再加上日常开销，确实积蓄不多。我问她有什么理想，她说要好好工作，靠自己的努力买一辆车买一套房那就很满足了。

我们的朋友Karma

Karma 是 ABC 旅行社的经理，每次听到不丹电台传出来的中年男声，我都以为是他的声音。Karma 给我们看他年轻时的照片，真是像极了年轻时的刘德华，但比刘德华帅和黑。初次见到 Karma 时，觉得他性格内向而温和，然而他确实是个慢热型的人。

刚到不丹的前两天，我可能是因为水土不服而身体有些不适，之前安排的徒步行程也因此取消了，Karma 很担心，连续几天都来我们住的酒店问这问那，时时关注着我的身体状态。

我印象最深刻的一次是，那天他和我们一起去戒楚节现场，告诉我们王太后要来的消息后，他说你们去吧，我就不去了，然后真的就不见人了。仿佛是个告密者，泄密后为了保护自己而躲得远远的。

戒楚节结束的那天，Karma 在廷布打来电话，问我们在现场有没有看到国王，说他在电视上看到了。我们说他错过了见国王的机会，渲染着国王在现场的每一个细节，没想到他竟是不以为意的样子。有一次他见到一个当地很红的歌星，我问 Karma 有没有找他签名。“没有啊，我也是看到照片才知道他就是歌星的。”不追星、不随意表达自己的喜怒，Karma 和昆桑都如此，是不是不丹人都这样？

我学会了不丹语的“我喜欢你”“你喜欢我吗”，没事就在车上和昆桑练习发音、造句。有一次我见到 Karma 就用不丹语说了一句：“Karma，我喜欢你！”他听了从脸到脖子顿时黑中发红、红！持续红！

我们要离开廷布的前一天，Karma 说要来酒店找我们。当时我们正好不在酒店，说好 7 点回去，没想到 Karma 从下班后就直接过去了，一直在酒店大厅等着。他带了礼物：两件 T 恤和 2011 年国王大婚的纪念卡。我问他要不要一起吃晚饭，他很腼腆地说得回家吃。我们邀请他有机会来中国，他说很想去，但是签证比较麻烦。

CHAPTER 14

慢行慢享受

不丹的独特性，让很多旅行者望而却步，
但其实去过不丹才知道，
这是个对游客很友好的国家，
而且不丹的周到服务会让你充分体会到
来这里旅行虽然贵，但是值。

虚度在市场

廷布的商店数量在不丹是最多的，而且有很多综合商店，里面的商品五花八门，从佛教用品到药品，琳琅满目。许多纪念品其实是印度和尼泊尔制造的。不丹原产的商品不多，主要是些纺织品、香、篮子、碗、书籍、小丑面具和宗教用品，还有藏红花和栗子味道的香草茶、有机柠檬草精油和喷雾等。各种小饰品、手工皂和明信片等小玩意儿比较受游客的青睐。

在廷布有一条手工艺品商业街，那里有一长排的工艺品摊档，不过每家卖的商品区别不大，有些可爱的当地小玩意儿。还有一些有趣的传统商店可以去逛逛，那里光顾的主要是本地人，里面销售各种佛教用品，店内有经幡、香炉、塑像、酥油灯、喇叭，以及飞镖和竹剑等非宗教用品。

去超市逛逛看看有什么好吃的，在不丹大型超市当然是没有的，基本就和国内的便利店差不多大小。里面的食品几乎都是由泰国、印度进口的，也有少量的中国面条和食品，本国啤酒只有三四种。这些进口的食品，对我这种外地游客来说，比在中国市场看到的要丰富很多，但对当地人来说，他们可能要考虑到价格的因素。

昆桑说这些较大的商场和纪念品商店本地人是很少光顾的，因为太贵了，那些装修不起眼的小店才是他们经常光顾的地方。我之前还奇怪说她从来就不吃零食，除了干奶酪，原来并不是缺乏零食，而是他们消费习惯的问题。

因为要买黄瓜，昆桑带我们去了市场，这个市场只有周五至周日开放，所以也叫周末市场。市场规模不小，昆桑说这是廷布最大的市场，菜市场的外围是一些日用品和杂货店，品种繁多。这里的商品没有适合游客的，都是为本地人的采购所需的，进入市场后，整个一楼全是卖印度进口蔬菜和水果的，二楼是卖不丹本地食品的。

一楼市场每个档口都有隔断隔开，蔬菜用塑料袋包好了卖，菜品以根茎类耐存放的居多：土豆、洋葱、茄子、辣椒、西红柿、包菜、红萝卜，其中季节性的芦笋和蕨菜最多。二楼本地菜市场品种少很多，以卖各种形状的芝士、奶酪、香肠、腊肉为主。不丹人不杀生，肉类都是自印度和尼泊尔进口，本地也没有海鲜，从市场的菜品你可以到看到不丹人饮食的简单性。

不过二楼的香料区倒是很有趣，有各种气味芬芳的香味原料，有些是粉末状的，还有各种包装好的燃香和装着草药之类的小瓶子，几乎都不认识，不过在这里，我居然意外地找到了我想要买的柠檬草喷雾。

前几天去安缦酒店时，就被柠檬草喷雾的气味所吸引，后来去了METTA酒店，发现它的大堂也有淡淡的柠檬草气味，闻起来让人神清气爽。市场卖的这种玻璃小瓶的喷雾，方便随身携带。不丹人很自豪地告诉我们，这是不丹本地生产的，不丹本地商品稀缺，对游客来说，这确实是难得的好东西。

后来发现，除了这个市场，廷布很多纪念品商店都会有柠檬草喷雾和柠檬草精油售卖，而且有好几种包装，标价几乎是统一的，很公道，看来，它还是挺受游客喜欢的。

离开廷布前我们在著名的钟楼广场附近好好逛了逛，这里各式餐馆和酒店很多，本地人的小店也不少，我们走进了一家药店，发现这里原来不只是卖药，而且还是一家小型的超市，卖各种进口的日用品。我们还发现了一家书店，在整个不丹期间，这是我看到的唯一一家书店，里面卖各种英文版的书，还有本地推荐的旅游画册和王室人物介绍。

邮局附近有很多家游客光顾比较多的纪念品商店，里面的商品大多是些佛教用品，也有很多尼泊尔和藏式的饰品，本地生产的面具每家店都有售，另外还有一些明信片、徽章、CD和T恤，商品价格公道。不丹人很讲诚信，讨价还价在此显得多余。那些拿着计算器讨价还价的游客大多会遭到友好的拒绝。

走到临街的一个门口，我被一个小招牌给吸引住了：Ambient Cafe。抬头一看，咖啡店在二楼，我仿佛已经闻到了咖啡香。店里明亮整洁，装修讲究，一看就是一家经营状况良好的店，店里的客人很多，看来很受外国人的欢迎，最重要的是，这里还提供免费的Wi-Fi，这在不丹太不容易了。蛋糕很好吃，饮品也很有特色，价格也实在是太便宜了。

窗口的位置可以看到开阔的街景，钟楼广场就在对面，我一边品尝着美味，一边享受着Wi-Fi，这感觉实在太穿越了。去过不少好的咖啡馆，但在不丹享受这种美食的感觉更显惬意，很多外国游客也是如此，抱着一本书或一台笔记本，一坐下来就没有要离开的意思。直到接到一个朋友的电话，才不得不离开匆匆赶往住的酒店，之后再也没有机会光顾这家店了，只能寄希望于下次了。

世界上最糟糕的旅行
THE WORST JOURNEY IN THE WORLD
不丹
云南
老挝
珀斯和西澳大利亚
南极
泰国
尼泊尔
Bio
BHUTAN
Lemongrass Air Spray

Amblent Cafe

不丹人的贴心服务

作为一名资深驴友，这是我的第一次非自助游，20 天的时间，让我感受到了一次被服务的旅行体验。这可以说是这次不丹行意想不到的收获之一，在不丹，旅游行业的管理很规范，旅游服务很周到和贴心。

不丹政府对旅游行业有很严格的管理和控制，游客的吃住行都是在一个可管控的体系里，比如在行程的安排上，政府会有一些可供参观的点供游客自行选择，在这样一个指定的范畴内，所有景点都是免收任何附加费用的，而且这些对外开放的景点管理都很规范化，游客可以根据自己的时间和兴趣爱好来选择自己的行程，如果有需要，也可以临时调整和改变行程。

享受 VIP 的待遇：我们入住的酒店都是官方认证和指定的星级或特色酒店，只有这些酒店才有涉外接待的资格，旅行社会在这些指定酒店中根据客人的行程酌情安排，你不用担心会被临时取消或被安排到货不对版的酒店入住。而且这些官方认证的酒店大多服务规范、管理到位。

另外就是饮食方面，通常入住的酒店都有餐厅，客人可以在入住的酒店解决三餐的问题，也可以根据自己的喜好选择在外面的餐馆就餐，但要提前和导游沟通好，因为外出就餐需提前预订。

我们在价格方面也做了一些了解，相对来说同等级别的价格相差都不多，餐厅都是自助餐，所以酒店的收费和外面餐馆的收费也很接近。至于标准，政府都有统一的规范和标准，哪些是涉外酒店，哪些是涉外餐厅，每个城市都有指定的商家，游客不会被带到非指定的店家消费的。

酒店在服务设施和服务标准方面也都很规范，房间内配套设施完善，很多地方都配有电暖器和柴炉取暖；服务人员训练有素，入住时服务员会主动搬运行李、递上干净的热毛巾和饮品。用餐时也会有周到礼貌的服务。餐厅还提供外出野餐的打包服务，保证客人在野外也能吃到热的饭菜。

感受服务：因为行程长、时间长、跨不同地域，旅行社给我们安排了不同特色的酒店，每次入住酒店后，导游就会关心给我们安排的房间是否满意，如果有问题她会马上找酒店进行协商解决，等等。我们还经常会得到意外的惊喜：房间经常会得以升级到豪华房或套房，由三星升级到四星或五星。

每当遇到徒步的时候，导游和司机会主动背包和拿行李，虽然每次都会被我们谢绝。下雨天还会备好雨伞。有一次在节日的现场，因为我当时身体有些不适，导游急得四处去找热水，还给我找来一把休息的椅子，处处为我着想，让人觉得很感动，显而易见，她的那份担心完全是发自内心的。

我们的司机是个沉默寡言的小伙子，他之前是开出租车的，这是他第一次跑那么远的路程。他为人老实厚道，每天空闲下来都把车子擦洗得干干净净的，遇到路长开车时间长的时候，如果我们不说停车休息，他也从来不言辛苦。

ABC 旅行社的 Keke 和 Karma 全程都给予我们最大的关心，在廷布和帕罗时，他们总会时不时地出现并和我们一起去庆祝节日、一起用餐。要不是因为东部路途遥远，我想整个行程都会随时见到他们的身影。

微笑是最好的礼仪

不丹的服务生都是当地人，年轻人居多，一律穿着不丹传统的服装，一定是挂着亲切的腼腆的微笑。每到一个酒店，服务生一定是要帮你提行李的，一定要把你送到客房的节奏。他们在面对客人时，说话总是那么小声，态度总是那么恭谦、真诚，不浮夸。

餐厅的服务最烦琐也最能体现出他们的服务态度和服务精神，虽然都是自助餐厅，可他们的服务一点也不懈怠，每次和客人说话都是面带微笑轻言细语的，人人都那么训练有素，还是天生就具有良好的服务意识呢？

我留意到，经常在一些公共场所遇到的陌生人，只要是面对他们的目光时，对方都会报以友好的微笑，陌生人的微笑让人心情愉悦，如果向他们提出拍照的要求，他们也会很乐意地面对镜头露出微笑，有些还停下来聊两句。

小学生们最可爱，他们的举动简直是让人感动，我们在东部时，经常会有小学生停在路边向我们的车子行礼，这真让人有无以回报之感，不可能每次都下车回一下礼吧？每次车子开出去很远了，我还没回过神来，他们居然仍对陌生人的车辆敬礼，这个举动实在是让我内心充满着感激、震撼和敬畏，难道这里才是真正的礼仪之邦吗？

路上看不完的风景

风景在路上，这一点在不丹随处都能感受到。不丹的森林覆盖率达到72%，路上可以感受大面积的绿和清新自然的空气，只要打开窗，就能感受到绿色的清新世界，各种树木和草甸、路边盛开的杜鹃花，尽管路途劳顿，可是这些景象让人连打盹的工夫都舍不得，就怕错过了什么。呼吸一口山林中吐出的新鲜氧气，顿时有种洗肺的感觉。

高原天气变幻莫测，有时一天可以欣赏到四季的景象。这个季节的西部大多天气晴朗，一大早就能看到雪山，云出现时，它的变化更是迅速得花样百出，稍一眨眼就变了样。东部山区却经常一天都会在云雾笼罩中，始终也看不清山林的全貌。总想抓拍那些远处山坡上的农舍，它们散布在人间仙境中，里面住的是不食烟火的神仙吗？

有时路过垭口下了场雨，气温顿时下降了很多，再过下一个垭口时，又飘起了雪花，路边常青的松柏顿时披上了银装，再看那些红杜鹃，花瓣被冰封住了，一动不动地挂在树枝上，这难道是一种自我保鲜的秘方吗？

风景是迷人的，路途是曲折的，从西部往中部和东部走，几乎全是蜿蜒曲折的山路，永远有拐不完的弯道，永远有过不完的垭口，永远行走在重重山峦间。偶尔看见有在路边慢悠悠吃草的牛儿马儿，却很少见到它们主人的踪影。

在路上，最大的惊喜莫过于遇见突如其来的雪山，你不知道会在哪个拐弯处突然看见雪山，让人受宠若惊。昆桑每次都问我中国没有雪山吗，有，可是没那么集中，没那么突然。不丹就是这样，经常一会儿云雾一会儿草原一会儿高山雪峰的。

因为路上有看不完的风景，所以什么时候到达目的地也就不那么重要了。

CHAPTER 15

旅行手记

去不丹的中国游客虽然占比不算少，可总数量不多，旅行的时间也不长，大多以4～6天的居多，大多数游客对不丹的认知度较低。

关于住宿

我们已经事先缴纳了每人每天250美元的费用，包括住宿、交通和饮食。针对不同的住宿标准，大部分旅客实际上已经支付了相应的费用，因此有必要在做行程安排时要求旅行社提供住宿选择的信息。

从山间小屋到五星级豪华度假村，不丹的住宿可选择性不少，但大部分游客会被旅行社安排入住当地的三星标准酒店。这些酒店属中级标准，干净舒适，配有自己的餐厅。如果选择了这些酒店，旅行社会提前为客人预订好，这样日后如需变更操作起来就会更容易一些，享受房间升级的概率也更大一些。大多数酒店都有标准间、豪华间和套房，我们在整个旅途中，享受到了好几次房间和酒店的升级。房间升级指的是标准间升为豪华间或套房，酒店升级是指三星升至四星或五星。

如果你想入住豪华酒店，在不丹也有不少选择，特别是在帕罗和廷布，豪华酒店也越来越多，现有乌玛（Uma）、安缦（Amankora）、芝华林（Zhiwa Ling）和Termalinca等度假村。入住这些酒店意味着要在标准旅游费用的基础上额外支付费用。

大多数酒店都不提供一次性用品，包括拖鞋、牙具等。不丹的冬天很冷，大多数酒店房间都配有小型电热器，东部一些酒店房间还提供柴炉取暖。床上用品干净舒适，除非是要徒步，否则的话不需要额外携带寝具和睡袋。

再说一下网络问题，不丹没有4G。大多数酒店都有Wi-Fi，但信号不是很强。岗提没有Wi-Fi。在一些乡镇的公路上连3G都没有。所以如果旅行的时间比较长的话，可以购买当地的手机卡，虽然购买时的手续比较烦琐，但是费用较低。

关于饮食

住的酒店都有餐厅，可以选择在酒店用餐，也可以选择在外面的餐馆用餐，不过不管选择在哪里用餐，都是统一的自助餐形式。如果长时间驾车或徒步时不返回酒店吃午餐，酒店会准备好饭菜装在保温桶里给你带上，茶水饮料和水果也会一起准备好。有一次我们下午 3 点才到达目的地，蒙加尔的酒店特意为我们准备了单独的午餐。

早餐一般是西式的为主，面包、鸡蛋是不可缺的，有时会有燕麦粥或面条；中、晚餐是炒菜，品种大多是蕨菜、芦笋、土豆、包菜和鸡肉，辣椒芝士是不可少的，这些菜里几乎都会加辣椒或是奶酪。主食会有白米饭或者红米饭，有时候会有 momo，它是一种带肉馅的藏式小蒸饺。在布姆唐能吃到当地特色的荞麦煎饼和荞麦面条。水果沙拉和甜点也会经常出现。

不丹人爱吃两种零食：一种是干奶酪，风干后串在一起挂在店里出售，吃的时候含一块在嘴里，像石头块一样硬，千万不能嚼，不然牙要咬掉的，一直含在嘴里等它化，半小时化了以后也没什么味道；还有一种不可缺少的零食是槟榔，不论男女老少或僧人都爱吃槟榔。

不丹人不杀生，牛肉和鱼都是从印度和泰国进口，通常是放在冰柜中空运过来的，猪肉和鸡肉经常吃到，牦牛肉通常游客吃不到，但是司机的餐桌上都会配有。

酒水饮料的选择也不多，各地都差不多，免费的有红茶和速溶咖啡；付费的有苹果汁和芒果汁、可口可乐，啤酒也只有几个本地的品牌　布姆唐生产的小麦啤酒 Red Panda，不丹啤酒厂的 Druk Lager 和高纯度的 Druk 11000。费用在用餐后或退房时结清。

RED PANDA
WEISS
BEER
Lager
DRUK
11000
FOSTER'S

关于交通

游客大部分都乘坐飞机抵达不丹，不丹有一个国际机场——帕罗机场，有两家航空公司——不丹皇家航空公司和雷龙航空公司。要想前往和离开不丹都要经过帕罗机场。还有一种选择是从不丹和印度接壤的南部陆路入境。

不丹航空公司目前开通了飞往加德满都、曼谷、加尔各答、新德里、达卡、谷瓦哈蒂、巴格多格拉和新加坡的往返航班，中国游客通常会被安排在加德满都中转，其次是曼谷。

乘坐加德满都到帕罗的航班，短暂（45 分钟左右）而愉快的飞行时间会在一场雪山盛宴中开启，如果选择左边靠窗的座位，可以欣赏到最动人心魄的喜马拉雅雪山风景，机长通常会为大家指认珠穆朗玛峰、马卡鲁峰和干城章嘉峰。飞机接近帕罗时，有机会看到珠穆拉里雪峰。飞机降落前还有机会在空中看到虎穴寺和帕罗宗堡。

当地交通：不丹没有铁路，国内布姆唐有机场，所以在不丹的旅行主要是公路，National Hwy 是不丹的一条主干道，它宽 3.5 米，铺有柏油和碎石，如果不是遇到修路或雨天山石滑坡，这里的交通状况通常很好。在不丹没有交通堵塞的情况，因为这里的车辆实在有限。

不丹的车辆靠左行驶，行车秩序很好。不丹人的行车礼仪给我留下了很深的印象，他们的行车速度控制得很好，也不会轻易超车。如果遇到超车和被超车的情况，都会主动示意和让路，因为道路狭窄，山路弯道又多，经常会有车辆迎面而来，两车相遇时总有一方会主动靠边忍让。不丹境内有不少印度自驾的车辆。很多道路会有一些标志，上面写着由印度某公司修建。

因为游客的交通费已经包含在了旅游团费中，旅行社会安排专车和司机供游客使用，具体车型会视人数的多少合理安排，我们这次加司机和导游四个人，乘坐的是丰田普拉多，这辆车就是我们整个旅行的交通工具了。

关于消费

因为吃住行的费用已经含在了团费中，所以需要自费的部分就很少了，基本没有什么机会花大钱。需要自行消费的部分都在可控制的范围内，没有太多额外的费用需要产生。如果想在不丹花钱购物，恐怕会有些失望。

需要购买的纪念品种类也不多，基本就是明信片、邮票和首日封、小首饰、纺织品、手工皂、柠檬草喷雾和精油等；用餐时需要自付酒水饮料；此外还有参观寺庙的布施；超市购买零食、电话卡；另外有一个不可缺的就是小费部分。这些花费加起来也不算多。除了在廷布和帕罗外，基本很少有花钱的机会。

如果你觉得不过瘾的话，可以购买当地的手工纺织品、布料，这些价格相对较高；另外一些优质的唐卡和不丹传统服装也可以满足高消费的需求。

不丹的货币单位是努扎姆（Nu），面额有1、5、10、20、50、100、500和1000。去不丹前可以换些美元，到达之后再用美元换不丹币。商场和酒店也接受美元、信用卡。取款机数量很少，不接受银联卡。在帕罗和廷布有一些地方可以换不丹币，让导游带去就可以了。

不丹币的换取不需要太大面额，因为花大钱时就直接用美元了，小钱花的地方多，用起来会方便些，如果花不完也不用再换回去，付小费（导游、司机、马夫、酒店服务员等）用得着。

总体来说，不丹是个非常安全的旅游地，在不丹旅行没有任何的不安全感，相反会感觉很安全、很舒服。不丹的治安很好，当地人都对外来的游客很友善。在不丹，遇不到骗子、乞丐和小偷。购物时你也不用担心会受骗，甚至连讨价还价的程序都可以省略。

在任何公共场所都很安静，没有人大声喧哗的，街道也没有车水马龙的景象。外出逛街和就餐都可以放松心情，不用担心安全问题。不丹到处都有野狗，但白天都在睡觉也不咬人。

要注意的是：在高海拔地区徒步，需要注意高原反应的现象。早晚温差大，注意身体的保暖和防晒；如果选择自行车骑行和漂流，要注意安全。不丹山地多，坐车时间长，如果有晕车反应的需要提前备好晕车药品。

HUN
OM
MANI

CHAPTER 16

去不丹没那么难

计划好自己的时间，
然后再找一家旅行社，
确定自己的行程和费用。
去不丹，其实没有想象的那么难。

找对心仪旅行社

除了旅费高昂，不丹其实并不是一个难以成行的目的地。另外，它与大多数国家不同的是，外国游客要通过不丹旅行社按照预付费的预订行程来旅行。也就是说，所有前往不丹的行程都必须通过官方批准的旅行社安排，无论是直接找不丹旅行社还是经由某家海外代理。如果找本国的代理，可以省去一些琐碎的麻烦，虽然费用会有所增加，但会使整个过程变得更简单快捷。

基本程序是这样的：提前一个月计划时间→找一家旅行社→确定行程和费用→付定金→办签证→购买机票、预订酒店→付清所有费用。

固定费用：每日固定费用为250美元；如果1人或2人成团，还需要加收每人30或40美元的附加费。固定费用包括住宿用餐、交通、导游、门票、许可证、山地徒步。

行程费用＝固定费用＋机票＋签证费＋其他额外费用（如果想要体验奢华，需要另外支付费用。漂流和山地自行车、热石浴等项目也需要额外付费）。

我们这次行程为20天，因为是两人组团，所以有附加费的部分，另外再加机票，总费用达4万多元。

特此感谢：

不丹悠然假期：www.517budan.com
不丹 All Bhutan Connection 旅行社：www.abc.com.bt（简称 ABC）
不丹“芝华林”旅行社（显奘旗下）：www.WelcomeBhutan.com

设定行程和线路

你可以根据自己的时间安排相应的线路，旅行社会根据客人的需要合理安排和制定行程、线路。行程的费用和旅行的时间长短密切相关。国内大部分游客通常会从尼泊尔中转，如果有一周的时间，那么实际上在不丹的逗留时间不超过五天。所以要根据自己在不丹的停留时间确定自己的行程。如果你有以下的几个时间段，那么可以参照一下列举的行程建议：

四日游。建议在帕罗和廷布周边游，行程重点：帕罗虎穴寺、帕罗宗、国家博物馆、祈楚寺、廷布扎西曲宗、杰里寺和丹戈寺、国家纺织博物馆和国家手工艺学院、邮局。

一周时间。可以前往普那卡，行程是：帕罗→廷布→普那卡→岗提，返回。两天时间帕罗，一天廷布，两天普那卡，一天岗提。行程重点：普那卡宗、切米拉康、岗提寺、富毕卡山谷。

十天时间。可以前往布姆唐，在布姆唐待两天，布姆唐适合徒步，正好也可以缓解一下旅途的疲劳。帕罗→廷布→普那卡→通萨→布姆唐，返回。

十四天以上时间。可以前往蒙加尔和塔西岗，在不丹进行一次深度游了，行程是帕罗→廷布→普那卡→通萨→岗提→蒙加尔→塔西岗。

总体来说，行程中有几个不可错过的地方：虎穴寺、帕罗宗、丹戈寺、普那卡宗、多楚拉山口、富毕卡山谷、通萨宗等。

我的行程共 20 天，时间长，线路长，几乎涵盖了不丹的西部到东部，属于深度游。这种情况找大团队比较困难，只能单个组团。

旅行的季节

不丹的旅游旺季有两个，一个是每年的 4 月，原因是气候适宜，帕罗戒楚节场面宏大，另外也是山地徒步的好时机。另一个是每年的 10 月，这时是不丹徒步的最佳季节，雪山非常清晰迷人，另外廷布等多个地方的戒楚节不可错过。

旺季：3 月—5 月，9 月—11 月。
气候好，春天看杜鹃花，秋天看喜马拉雅山景。
旺季游客多，要提前预订机票和酒店。
平季：12 月—次年 2 月。游客不多，冬季气温较低。
淡季：6 月—8 月。雨季，徒步线路无法通行。

旅行的方式

不可错过的活动：参加戒楚节、逛廷布市场和邮局、热石浴。

去不丹还能做什么？徒步、观鸟、休闲游、奢侈游、感受节日、漂流、山地自行车。

徒步

想要探索不丹原始风貌的处女地，只有用脚步去丈量它了。你可以根据自己的喜好和体力，让旅行社设计不同的徒步线路，他们会安排向导和马夫。徒步途中会有固定的营地。以下几条热门线路供参考：

雷龙小径（历时 6 天）：这是一条最受欢迎的徒步线路，这条线路在帕罗和廷布之间，距离不算太长，沿途有佛寺、雪山风景。春、秋两季是适合徒步的季节，避开雨季和冬季。

珠穆拉里徒步线路（历时 8 天）：是不丹最热门的徒步线路，这条线路之于不丹，犹如珠穆朗玛大本营线路之于尼泊尔。这是一段徒步朝圣之旅，可以在姜戈唐高山营地观赏海拔 7314 米的珠穆拉里壮观风景。

珠穆拉里 2 号徒步线路（历时 6 天）：珠穆拉里主要徒步线路的短程和简易版本，前往姜戈唐的珠穆拉里大本营，原路返回或经替代道路返回，强度比经典的珠穆拉里线路要小，所需时间要短。

拉亚至加萨徒步线路（历时 12 天）：这条线路是珠穆拉里徒步线路的延续，穿越偏远而隔绝的高地，让你体验到拉亚族的独特文化，沿途可以欣赏到多样化的动植物。

观鸟

不丹因为有来此过冬的黑颈鹤而闻名于世，但它同时还拥有超过 600 种鸟类和广阔的鸟类栖息地。小小的不丹是观鸟爱好者们的天堂。

不丹有很多旅行社专做观鸟旅行线路，我们在不丹期间也遇见了不少观鸟团，以欧美客居多，他们的行程以观鸟为主。不丹拥有丰富的森林资源，没有捕猎活动，所以不管参加任何团队都有机会看到各种鸟类。

骑自行车

山地自行车运动越来越受欢迎，当地的骑行地点中，帕罗、廷布和布姆唐的山谷比较安全，推荐地点有其列拉山口、帕罗山谷、富毕卡、普那卡、丹戈寺和杰里寺，廷布至帕罗。

“雷龙之旅”是不丹山地自行车的头号盛事，比赛线路蜿蜒曲折，要求在一天之内从布姆唐骑到廷布，全程 268 公里。赛道经过长 3790 米的上坡、长 3950 米的下坡以及四个不丹弯曲公路上的山口。比赛在 9 月的第一个星期六举行，国际选手的报名费是 300 美元。

漂流和皮划艇

虽然不丹的漂流还处于起步阶段，但那些考察过河流的专业人士认为它有潜质成为全球最棒的漂流胜地之一。在普那卡山谷，这里几乎集中了大部分的漂流爱好者，初级阶段的漂流线路只有两条，一是普那卡的父亲河，二是普那卡的母亲河。

奢侈酒店游

安缦在不丹有 5 家分店，分别设于帕罗、廷布、普那卡、岗提和布姆唐。双人入住 7 晚至 12 晚的价格由 9800 至 16800 美元起，价格包含全部食宿、导游、交通和签证费用。机票另计。

网址：www.amanresorts.com

E-mail：amankora@amanresorts.com

乌玛（Uma）是一家时尚的小型酒店，除了别墅之外，也设有多个价格较为实惠的套房，双人入住 4 天 3 晚，价格由 3000 美元起，价格包含食宿、导游和交通，机票另计。

POSTSCRIPT 后记

幸福那么远，那么近 HAPPINESS

再美好的旅程也总有结束的一天，再难忘的相遇也总有告别的一刻。20 天的旅途很长，20 天也很短，说长是因为它跨越了整个不丹的西部和东部，说短是因为对于一个旅游资源和人文资源如此丰富的国家，想要做更深度的探究，显然还远远不够。

说它美好，是因为不丹满足了我对旅行地的所有要求：安静、美丽、自然、干净、淳朴、神秘、丰富……说它难忘，是每当我翻看不丹的照片时，就仿佛又回到了不丹，让我重新旅行了一遍。不丹留给我的深刻记忆，是它独有的、无可替代的，正因为它独特，所以难忘。

作为游客的我，不能任性地前往不丹，最大的障碍当然是因为每天高达 250 美元的最低消费限额，可如果忽略这个因素，我愿意留在不丹，哪怕多一天也好，呼吸着那里新鲜自然的空气，感受那里葱绿的世界，过我向往的简单生活。

不丹离我如此之远，可回想在不丹的每一天，心情都是快乐和轻松的，这个幸福国度的一切都是那么不一样，人们生活简单而自足、坚持自己的信仰，这就是幸福。不丹人的幸福原来就是这么简单，如果你融入了它，你就不难体会幸福的含义，哪怕只是做个匆匆的过客，那又何妨呢?

不丹离我如此之近，近得只要我想到它，它就在我的眼前，近得我能听到它的呼吸，近得让我忘记了彼此的距离。只要想到它，就仿佛又见到了那里的悠远蓝天、迷人的雪山、古老的宗堡、盛放的鲜花、繁密的山林、人们淳朴的笑脸，我甚至迷恋那里的味道，不丹的味道是清新的，不丹的味道是柠檬草香的，我把不丹的味道带回来了，把所有的回忆带回来了。

我整理出了我的这次旅行，是因为很多人和我一样，在去之前对不丹缺乏了解。当然因为行程和时间所限，我不可能描述一个更全面完整的不丹。但我想，作为一个喜欢不丹的游客，记录下我的所观和所感，这就足够了。

其实记录和回忆比旅行更累，因为旅行是用眼和脚步，而记忆要靠心。每次的回忆更要牵动很多的想念，因为想念会有一次次再出发的冲动，我想回到不丹……也许这种回忆和期盼也是一种幸福吧。

AFTERWORD 编后记

幸福来自内心
HAPPINESS COMES FROM THE HEART

早就答应了卓玛要为她的新书写编后记，谁料做书琐事繁多，竟一搁数月之久。其间，通过卓玛的微信，我不断收悉不丹的最新消息，诸如不丹全民种植 10800 株树庆祝王室添丁、威廉王子和凯特王妃访问不丹等。卓玛——一个从不丹旅行回来的姑娘，在离开不丹之后，依然还关注不丹王国的种种，想必是不丹已成为印在她心中的难忘风景，她是如此迷恋喜马拉雅山脚下这座有信仰的国度，以至于回国后便迫不及待地用文字记录下来旅途中的美好。

这是我编辑的第二本关于不丹的书。2008 年之前，不丹还未被国人知晓，大家都还没有把目光投向它。因为梁朝伟和刘嘉玲的婚礼，静寂小国成为焦点。之后，关于不丹的报道依然稀奇少见，我想，总该有一本关于不丹的书出版吧？那里一定会成为受旅人喜爱的旅行目的地。在经过一番努力之后，新加坡作家叶孝忠写的《不丹，佛光温暖的王国》终于付梓问世，总算有一本能够全面讲述不丹的旅游书了，因为陌生又新鲜，读者反响是好的，至今它还影响着对不丹深有情结的旅行者。

卓玛恰好也是叶孝忠作品的读者，对于不丹，她是“身未动，心已远”，只因心中的向往，从出发到抵达，她干脆利落地办理各种手续，说去就去的决心很大。一些旅行者，出发之前会瞻前顾后，忧虑种种，目的地安全吗？当地人有歧视吗？餐饮我能不能适应？酒店合我意吗？近乎完善的攻略制定大半年，假期总算批下来了，激情也泯灭了，终于可以出发了，行程满满当当的，绝不要遗漏当地最有名的风景，等完成了一个个景点的打卡，才发现自己忽略了与当地人的情感交流，行色匆匆地赶路，其实连最知名的景点也没有时间深入，只好憧憬下次再来。而卓玛觉得，既然这么难得去一次不丹，那就要玩得久一点、透一点，别人通常都是去 7～10 天，她一下子跟旅行社制定了 20 多天的行程。大多数人一听到她的这个决定就“哇”出声来，人民币得牺牲多少啊！更难以理解的是，不丹的风景无非是雪山、田野、宗堡，有必要去这么久吗？

她的回答，都在这本书里了。从不丹回来之后，卓玛把不丹的风物人情镌刻在心中，凝练成文字，那是对一个国家多有爱啊，才会以文字的形式记录下来。对我而言，时隔四五年再次做一本关于不丹的图书，无疑是有难度的。我思索着要做出另一种味道的不丹，可是卓玛笔下的不丹，跟我多年前阅读到的是一样的，不丹的雪山、不丹的子民、不丹的信仰，竟没有在时光里变质，不丹还是不丹，我也只好感慨，这真是个独立而有信仰的国家，气质一如既往，淡定又从容，哪怕邻国正在发生着天翻地覆的变化，它始终如一棵兰草，安静优雅地生长在山谷中。

在我编辑书稿的时候，微信上正疯狂地转载着一篇所谓不丹真相的游记，发帖人大致是说他从不丹回来，仿若从地狱归来，不丹并不如书里美好，连上个厕所也要收 10 美元，等等。当时我在朋友圈看到这篇游记时，帖主对旅行目的地毫无尊重感的姿势，先让我对此文发布的目的产生怀疑，再一细看，出现不少颠倒黑白、指鹿为马的地方，比如，不丹唯一的机场是在帕罗，而帖子里竟说成是廷布；不丹的旅行费用是在旅行社定制好行程之后就知道的，并且全程除了自己的购物之外，不需要再额外支出任何费用，厕所怎么可能再收费呢？还有许多逻辑混乱之处，宗堡名字张冠李戴，国王家族关系信口雌黄，行程经不起推敲，真让人怀疑帖主真的有去过不丹吗？还是本身就是一场恶意营销？所幸不丹还是本色的不丹，没有因为遭到非议就据理力争。试想，一个连信仰都不曾改变的国度，怎会因为蝇头小利就改变初衷？这，才是大家热爱了这么多年的不丹啊！

卓玛喜欢不丹，也正是因为不丹实在太纯净了，能让人好好看清路边的风景，而没有人经常在她面前习惯性地念叨“搭三轮车吗”“花环 3 块一个”，贩卖着廉价的旅游小商品。她最近的愿望是，书出版后，想通过不丹旅游局将此书奉献给不丹国王。卓玛是一个想到就会去做的人，这本书的出版承载着许多人的希望，我希望它漂漂亮亮地上市，让钟情不丹的人更近距离地感受喜马拉雅山下这个幸福的国度，也让自己的心灵回归到平和的状态，淡定从容，做回自己。

最后，感谢上海云舞网络科技有限公司提供 VR 视频，让我们身临其境，随手触摸不丹。

本书编辑：蔡明熹
48962491@qq.com

DICTIONARY
Best of HarperCollins
LEONARDO
ART!
The Illustrated History of Art
Best of HarperCollins
Paulo Coelho
Adultery
NON-FICTION
Best of HarperCollins
Condensed Knowledge
ETIQUETTE
ROGUE
PRIDE
STRAY
PREY
SHIFT
GERRITSEN
David Baldacci

Mitch Albom
HARPER LITMUS
HARPER element
4th
Best of HarperCollins
Success
Guitar
ONE LIFE IS NOT ENOUGH
Best of HarperCollins
Love Rosie
Love Rosie
GRISHAM
77
79
80

从不丹回来后，
我问自己，
你幸福吗？
是的！

做自己喜欢的事，
走自己喜欢的路，
这就够了！